Orlando Syrg Taschenbuch 82023

KAR

Kollektion Abenteuer- & Reiseerzählungen

herausgegeben

von

Joerg K. Sommermeyer

FSC
www.fsc.org
MIX
Papier aus verantwortungsvollen Quellen
Paper from responsible sources
FSC® C105338

Über dieses Buch

Sämtliche Texte entstanden in der Zeit von Januar 2006 bis April 2009 in Istanbul und auf den Kanarischen Inseln, wo der Autor während dieser Zeit mehrfach zwischen fünf Wochen und vier Monaten lebte sowie Sprachschulen besuchte, um seine Türkisch- und Spanischkenntnisse zu vertiefen.
Gespiegelt werden seine spontanen Eindrücke und Reaktionen auf Landschaft, Kultur und Menschen, denen er begegnete.
Dieses bunte Potpourri, einschließlich cineastischer Kritiken, bietet ein weitläufiges und zugleich dichtes Netz seiner vielfältiger Beziehungen.

Der Autor

Joerg K. Sommermeyer (JS), geb. am 14.10.1947 in Brackenheim, Sohn des Physikers Kurt Hans Sommermeyer (1906-1969). Kindheit in Freiburg. Studierte Jura, Philosophie, Germanistik, Geschichte und Musikwissenschaft. Klassische Gitarre bei Viktor v. Hasselmann und Anton Stingl. Unterrichtete in den späten Sechzigern Gitarre am Kindergärtnerinnen- / Jugendleiterinnenseminar und in den Achtzigern Rechtsanwaltsgehilfinnen in spe an der Max-Weber-Schule in Freiburg. 1976 bis 2004 Rechtsanwalt in Freiburg. Zahlreiche Veröffentlichungen. JS (Joerg Sommermeyer) lebt in Berlin und Lahnstein.

Orlando Syrg, Berlin, 10. September 2023

Joerg K. Sommermeyer

Dem Affen in die Seele gepisst

Selam Istanbul,
Kanarische Inseln,
Die Morena,
Küss' mich, Sisyphus

Orlando Syrg

MMXXIII
1. Auflage 2023
Orlando Syrg, Berlin und Lahnstein
(vormals Freiburg i. Brsg.)
Orlando Syrg Taschenbuch
ORSYTA 82023
Kollektion Abenteuer- & Reiseerzählungen
KAR 10

Herausgabe: Orlando Syrg
Umschlaggestaltung (unter Verwendung eines Fotos von JS, auf der Vorderseite): JS
Lektorat, Satz und Layout: Helga Kussin, JS, Hans Ohnson, Karl Bader, Bruno Bauer, Marga Sadau, Kurt Marie, Beau Diller
Herstellung und Verlag: BoD – Books on Demand, Norderstedt
Made in Germany
ISBN 9783757881740

Inhalt

Über dieses Buch 4

Der Autor 4

Impressum 6

Selam Istanbul 9

Dem Affen in die Seele gepisst – Kanarische Inseln 19

Die Morena 133

Küss' mich, Sisyphus 139

Für
Lili
in Liebe

Selam Istanbul

Ein schwerer Abschied von Freiburg. Unmögliche Flugzeiten. EasyJet zeigte sich aber großzügig und beanstandet meinen 24,5 kg schweren Koffer nicht. Ich bin jetzt auf dem Weg nach Istanbul. Erst morgen früh, um 02:20 Uhr, werde ich auf dem neuen Flughafen Sabiha Gökçen eintreffen. Der liegt im Südosten der Stadt, 50 km vom Zentrum entfernt. Von dort muss ich zur Side Pansyon in der Utangac Sokak Nr. 20 im Stadtteil Cankuratan. Vor 11:00 Uhr vormittags darf ich jedoch nicht einchecken! Das kann heiter werden. Es macht keinen Sinn nachts ins Zentrum des Molochs zu fahren. Ich werde bis zum Morgengrauen warten, bis ich mich dorthin wage. A la bonne heure!

Bislang habe ich auf diesem Flughafen weder in der Informationsstelle noch im „Skyline Cafe", welches immerhin während der ganzen Nacht auf ist, einen Menschen getroffen, der etwas anderes als türkisch gesprochen hätte. Ein ordinärer Tee kostet 4 YTL, etwa 2,5 Euro, und das ist das Billigste, das die haben. Etwa 20 Leute hängen hier ab. Manche reden, die Mehrzahl döst, nur ich schreibe. Es wird kalt. Ich muss niesen. *„Daha soğuk"*, sage ich zu der türkischen Familie gegenüber (ein älterer Herr, eine junge Dame und eine Herbstblume, schwer zu sagen, wie die zusammenpassen). Sie lächeln. Sie kamen mit derselben Maschine wie ich aus Basel, und ich denke mir, dass sie auf ihren Anschlussflug nach Anatolien warten. Sie studieren nämlich unentwegt die in der Nähe hängenden Anzeigetafeln. Mir fallen ganz langsam die Augen zu. Dösen, schreiben, sich langweilen. Es passiert hier nicht viel. Zwei Müllmänner räumen auf, einige Sprachfetzen dringen an mein Ohr, die Herbstblume summt. Sobald es hell wird, werde ich aufbrechen. Noch sieben Stunden bis ich ein Bett sehe.

Die beiden Türkinnen kommen von der Toilette zurück. Herbstblume hatte ihre Handtasche leichtsinnig neben mir liegen lassen. Das sah jetzt die Alte und murrte mit argwöhnischem Seitenblick auf mich. Herbstblume kontrolliert den Inhalt, zählt laut die einzelnen Gegenstände auf. Ein Glück, dass alles da ist. Ich hab' keine Lust auf derlei Probleme! Duseln ...

„Geh nicht nach Sirkeci!" Ich war gewarnt worden. Taxifahrer, Kellner, Zufallsbekannte, Murat, Evren, Hatice, Ercan in der Touristeninformation, alle hatten mir gesagt, dass ich beklaut, überfallen, massakriert würde. Aber nicht nur dieses Viertel hat bei den Einheimischen einen schlechten Ruf. Schenkte man allem, was man so hören mag, Glauben, verwandelte sich unversehens die alte Stadt in eine neue teuflische Phantasmagorie. Vor Furcht starr, verließe man kaum sein Hotelzimmer, wo man verbarrikadiert und bewaffnet die drohenden Angriffe erwartete. Aus Nase, Ohren, Maul tröpfelte paranoides Gift, die Haut verdunstete Angstschweiß, Pisse sauste aus dem Schwanz und gelbbraune Brocken schleuderte der krampfende Arsch. Vom anständigen, aber penetrant touristischen Side Hotel in der Utangaç Sokak Nr. 20 in Cankuratan (Sultanahmet), fast zwischen Hagia Sophia und Blauer Moschee, bin ich dennoch schon nach einer Woche in die Yerebatan Caddesi Nr. 47 ins Hotel Pamphylia umgezogen, gefährlich dicht an Sirkeci grenzend. Und mir ist nichts passiert. Bisher!

Nach meiner ersten Nacht in Istanbul auf dem Sabiha Gökçen Flughafen nahm ich im Morgengrauen irgendeinen Bus der Büyükşehir Beledisiye (GroßIstanbuler Stadtverwaltung). Jedes türkische Wort, welches ich kannte, hatte ich bitter notwendig. Mitnichten sprach hier jemand Deutsch oder Englisch oder irgendeine andere Sprache als

Türkisch. Ich brabbelte den freundlichen Busfahrer „tarzanisch“ an, so nennen Türken entstelltes Dschungeltürkisch, welches des Türkischen nicht mächtige Yabancı (Fremde) absondern. Ich konnte verstehen, dass er nach Kadıköy fuhr und es von dort aus kein Problem sei, ins Herz der Stadt nach Taksim zu gelangen. Dort wollte ich dann ein Taxi zum Side Hotel in Cankuratan nehmen. Einen Fahrschein konnte ich nicht lösen, weil im Bus kein Ticket zu kaufen war. *„Problem yok“* (kein Problem), meinte der Fahrer, *„setz Dich“*, ich fuhr also schwarz. Zwei Stunden später war ich in Kadıköy an der Iskele, der Schiffsanlegestelle, zugleich Busbahnhof, Dolmuş-Sammelstelle und Taxiplatz. *„Price: 3 Lira“*, nuschelte mein seine Hand ausstreckender Busfahrer; ein kleiner Nebenverdienst. Ich entschied mich spontan jetzt doch noch nicht in mein Hotel, wo ich erst ab 11:00 Uhr einchecken könnte, sondern zunächst mal nach Suadiye zu Ihsan und Steffi zu fahren. Meine Freunde wohnen dort in einer ruhigen bürgerlichen Umgebung, nahe der teuer-mondänen 5 km langen Bağdat Caddesi. Verschlafen, verwuschelt wurde ich von ihnen empfangen. Dann gab es zwischen allerlei Baumaterial, Holz, Werkzeug, Nägeln, nicht ausgepackten Kisten, Büchern, Malutensilien, Computerteilen, Kabeln, Lautsprechern Tee mit türkischem Frühstück (Tomaten, Oliven, Schafskäse, Weißbrot) am langen, massiven, mir aus Stuttgart vertrauten Holztisch. Während unserer lebhaften Unterhaltung stellte sich heraus, dass die beiden vor einem Jahr heimlich geheiratet hatten. In der Wohnung der *„Flitterwöchner“* herrschte das blanke Chaos. Vor drei Wochen waren sie hier aus Ankara kommend eingezogen und schreinerten nun mit Ausnahme des Frühstückstisches ihr gesamtes Mobiliar selbst. Fast 50-jährig hatte sich Ihsan vor neun Monaten zu einem radikalen Bruch und Neuanfang entschlossen und nach 30 Jahren Lehrtätigkeit in Deutschland seine Dozentenstelle für klassische Gitarre an der Musikhochschule gekündigt, um in die Türkei zurückzukehren und in Istanbul als Künstler frei und unabhängig zu leben. Sobald Ihsans und Steffis Nest fertig ist, werden sie sich eine Verdienstmöglichkeit schaffen, die ihr Dasein sichert. Jetzt leben sie von ihren Ersparnissen. Notfalls müsste Ihsans in Ankara lebende Familie die beiden unterstützen.

Sorgenvoll schauen sie drein. Existenzielle Ungewissheit ist schwer zu ertragen. *„Das wird schon werden"*, sage ich optimistisch, mache ihnen Mut. *„Wie kann man im Internet Geld verdienen"*, fragt Ihsan. Diesen eiternden Zahn muss ich ihm gleich ziehen. *„Mit nackten Frauen, Sex & Crime, Betrug"*, antworte ich. Handel, Import, Export Türkei-Deutschland wäre vielleicht ein Weg, z. B. von Gitarren, falls ein Markt vorhanden ist? Oder die Gründung einer Musikschule, unterrichten, malen, Bilder verkaufen, schreiben, verlegen, konzertieren, kleine am Medienmarkt orientierte Feature-Filme produzieren usw. Au weia, da habe ich was angerichtet. Jetzt schauen mich beide richtig bedeppert an. Si tacuisses, philosophus mansisses. O hätte ich doch nur geschwiegen!

Meinen großen Koffer lasse ich da, auch meinen Laptop. Steffi leiht mir ihren kleinen Koffer, in den ich einige Klamotten für die erste Zeit umräume. Dann breche ich gegen 14:00 Uhr auf, fahre mit einem Dolmuş für 1,30 Lira zur Iskele und nehme die Fähre (wieder für 1,30). Meine erste Fahrt über das Marmara Meer zum Bosporus und Goldenen Horn nach Eminönü berauscht mich. Blaues weites Wasser, hinter uns herjagende Möwen, die sich in die Tiefe stürzen, um Brocken, die ihnen Passagiere zuwerfen zu erhaschen. Ein Gewimmel von Frachtern, Kreuzfahrern, Segelschiffen, Motorbooten. An den Ufern riesige Kräne, Wolkenkratzer, alte ehrwürdige Gemäuer, prachtvolle Moscheen, Minarette, soweit man sehen kann; der kleine gedrungene Galata Turm, eines der Wahrzeichen der Stadt, ein Wald von Anglern, wippende Angelruten. Es ist angenehm warm, 28 Grad Celsius, eine köstlich leichte Brise umweht mich, streichelt meine Haut. Und in einem Coup de Foudre verliebe ich mich in diesen jahrtausendalten, immer jungen Flecken.

In Eminönü will ich in die Tramvay, die Istanbuler Straßenbahn, Richtung Zeytinburnu, kapiere aber weder deren System noch wie ich zum Bahnsteig komme. Kurz entschlossen haste ich mein geborgtes Köfferchen in der Hand schwenkend, hin und her rudernd, wie ein ungelenker Albatros über die verkehrsreiche, tosende Straße. Ein Verrückter, Betrunkener! Gellendes Hupen, wilde Schreie, unflätige, mir nicht verständliche Beschimpfungen umwehen mich. Dann ist es geschafft. Ich bin da. Erst jetzt merke ich, dass ich innerhalb einer Absperrung bin, in die man normalerweise nur gelangt, sobald man sein *„Sesam öffne Dich“* mit einem Jeton, den man dort einwerfen muss, erklärt hat. Und dieser Obolus kostet wieder 1,30. Egal, jetzt fahre ich halt schwarz. In der Straßenbahn herrscht drückende Enge. Ich fühle mich wie eine Ölsardine, die ängstlich, sorgenvoll auf ihre Sachen achtet. Der da, die da könnte ein(e) Taschendieb(in) sein? Und ich habe keine Ahnung, wie ich jemals hier wieder herauskommen soll! *„Gülhane“*, Rosenhain, tönt eine jeglicher Blumenfreundlichkeit bare, giftig-energische Frauenstimme aus dem Lautsprecher; ein „taşak kadın“, ein Dragonerweib! *„Sultanahmet“*. Japaner müssen sich hier wohlfühlen. Ich dränge, boxe mich hinaus, während andere sich hereindrängen.

Heute ist schulfrei. Morgen gibt es die Prüfungsergebnisse! Ob ich wohl versetzt werde? Ich experimentiere mit dem Drahtlosnetzwerk, welches im Café neben der Dilmer-Schule mit niedriger Signalstärke erreichbar ist. Es funktioniert mit Ach und Krach. Draußen herrscht schönes Wetter. Ich beschließe, spontan mit dem Schiff zur Büyükada[1] zu fahren.

Jetzt hab’ ich dich doch erwischt, mein zartgliedriger Minivampir, Stechfliege auf der Jagd, seit einer Stunde summend mich einkreisend. Und jetzt bist du tot! Aber dein Schwesterchen schwirrt noch herum. Warte nur ein Weilchen!

Das Wasser läuft jetzt auch wieder. Zehn Stunden lang floss kein Tropfen aus den Hähnen. Morgen früh werde ich duschen können. Ein erhebender Gedanke, während Peter Maffay vom Verlust seiner Unschuld am Sommerstrand singt, Josie ermahnt, Frau zu werden, ganz tief bei ihr ist.

---

[1] Die größte der Prinzeninseln im Marmarameer vor Istanbul.

Ihsan und Steffi konnte ich in den letzten Tagen nicht erreichen. Das ist blöde, weil ich ein paar frische Sachen aus meinem Koffer holen wollte.

In der Schule geht es, nachdem ich in die 3. Klasse versetzt worden bin in rasantem Tempo voran. Drei Seiten Hausaufgaben fürs Wochenende.

Und heute Mittag wollen Haluk, Barbara und ich einen Ausflug machen.

Meine Mutter hat Geburtstag. Herzlichen Glückwunsch! 91 Jahre ist sie geworden, falls sie noch lebt? Sie soll meinen Geschwistern verboten haben, mich von ihrem Tode zu verständigen. Gut möglich, dass sie sich daran gehalten haben bzw. ihren Wunsch in der Zukunft befolgen werden. Blutsverwandtschaft? – Wahlverwandtschaft zählt!

Mindestens fünf verschiedene Muezzine melismieren ihren Morgenruf, ineinander verschlungene Girlanden, sich windende Arabesken. Allah ist groß, es gibt keinen anderen Gott, und Mohammed ist sein Prophet. Fünf Minuten lang. Viel lauter als Kirchenglocken, ein Kammerkonzert, fortissimo. Davon stammt unter anderem der Flamenco ab. Manchmal Katzenjammer, wenn sich die Stimmen zu schräg überlagern, immer wieder aber virtuose, genialische Melodien, faszinierende Musik!

Gemächlich meldet sich mein Appetit. Ich freue mich auf mein gewohntes Frühstück um 7:00 Uhr; Tomaten, Gurken, schwarze und grüne Oliven, Schafskäse und Tee.

Gestern, während unserer Überfahrt nach Heybeli (Prinzeninsel) beschenkte uns der Dichter Enver Canatan mit einem Gedicht:

Midye kabuğundan bir ev
Çevremiz deniz

Toprağımız kuru
Ve kalbimde tek sen
Ne mesut olurum bilsen

Wortgetreue Übersetzung:

In einer Muschelschale ist ein Haus
In unseren Meeresweiten
Unser Boden ist trocken.
Und in meinem Herzen bist nur Du
Wie glücklich wäre ich, wenn Du das wüsstest.

Nachdichtung:

Muschelverborgener Raum
In unseren Meerestiefen
Ein freundliches Heim.
In meinem Herzen lebst nur Du
Wie glücklich wäre ich, wenn Du das wüsstest!

Meinen letzten Schultag schwänze ich. Ich will die verbleibende Zeit nützen, die Stadt zu erforschen.

Üsküdar habe ich gesehen, mit seinen Moscheen, verwinkelten Gassen und dem riesigen, etwas verwilderten Karaca Ahmet Friedhof; ich war noch einmal im Topkapı Sarayı auf der Landspitze vor dem Goldenen Horn, bewunderte den Mantel des Propheten und die heilige Feldzugsfahne im silbernen Schrein, sein Schwert, Siegel, Barthaar, Zahn und Fußabdruck, den auf Gazellenleder geschriebenen Koran des Kalifen Osman, die Schatzkammer mit den berühmten Preziosen, den Harem, das Quartier der schwarzen Eunuchen; bewegte mich entlang der Teodos II Suru (Theodosianische Landmauer), die sich über eine Länge von fast 6 km vom Marmarameer bis zum Blachernenviertel erstreckt. Mit der Fähre bin ich den Bosporus rauf- und runtergefahren, lernte dabei Hans Werner Freitag vom Statistischen Bundesamt kennen, der im Fotografieren jeden und alles schlägt (in drei Tagen Istanbul, schoss er mehrere tausend Bilder) und zog mit ihm noch ein wenig herum.

September - Oktober 2006

***

Im Berliner Morgenland Café traf ich Barbara wieder. Sie war ein Jahr lang in Istanbul. Sie berichtete mir, dass sie fast jeden Tag auf ihrem Weg zur Sprachschule *„Dilmer“* von Männern angegrapscht worden sei. Sie hat das von mir vergeblich gesuchte Künstlerviertel gefunden: ***Kusguncuk***, ein Stadteilsbereich in Üsküdar. Ein Onkel ihrer „Freundin“ Franziska soll dort ein Häuschen haben, das oft leer steht und das vielleicht zu mieten sei!?

15. September 2007

Dem Affen in die Seele gepisst
Kanarische Inseln

Es ist alles ganz anders. Wenn ich zurückdenke an meine abuela in Madrid[1]. *„Que mayor, que grande! Que horror. No me han dicho nada. No es possible"*, und dann *„Ya veremos. Hay que telefonear"*. Unverhüllte Ablehnung. Beleidigend. Ich quittierte dies alles mit einem homerischen Gelächter. Das erschien mir unfassbar. Dafür das Zimmer ziemlich nett, mit Kleiderschrank, Tisch, Bücherregal und Ikea-Bett, etwas zu klein, wohl für Kinder oder Jugendliche gedacht, aber es ging, wenn ich die Füße unten heraushing. Das Bad (im Prinzip, außer wenn der schwer erkrankte Sohn Alejandro da war) bloß für mich. In der Wohnung zunächst nur die abuela, sonst keine Familienangehörigen. Aber dann kamen sie alle, die Töchter, Schwiegersöhne und Enkel zum Mittagessen. Alejandro, 42 Jahre alt, in zweiter Ehe geschieden, kam dauernd. Sympathische Leute, aber ich stand ein wenig unter der Fuchtel der abuela, war auch der Einzige, der ihre Anweisungen befolgte, Die abuela schuftete so im Alter von 82 von morgens bis in der Nacht, passte auf, dass ich mich im morgendlich kalten Madrid warm anzog, was ich so nicht tat und mich prompt massiv erkältete. Sie wusch meine Wäsche, stopfte mein Hemd. Was soll ich sagen, hart aber rührend!

---

[1] Bei ihr untergebracht während meines Madrider Sprachschulaufenthaltes, Mitte September - Mitte Oktober 2005.

Hier in Santa Cruz waltet das Gegenteil, meine äußerlichen Verhältnisse sind jetzt mehr als primitiv, ich bin in der Steinzeit gelandet. Mein Zimmer ist die Abstellkammer der Familie, ca. sechs Quadratmeter groß: zwei Betten links und rechts – zwischen Fenster und Tür. Unter dem Fenster, zwischen den Betten, eine kleinen Kommode (passt da gerade noch hin), darauf eine Nachttischlampe mit grünem Lampenschirm und eine große grüne Uhr. Vor dem Fenster ein grüner Vorhang, die Betten sind auch grün bezogen. Also ein grünes Zimmer. Und wer mich kennt, weiß, dass ich grün nicht besonders mag. Wahrscheinlich ist die Farbwahl auf den muselmanischen Geschmack der Hausherrin zurückzuführen. Grün ist bekanntlich die Farbe des Propheten. Und so passt das ja wieder, denn auch ich bin ganz sicher ein Prophet. Und grün ist mir lieber als braun, diese Kackfarbe des Führers in dem braunen Höllensumpf. Leider ist der Schrank, der den gesamten Raum unterhalb der Fußenden meiner zwei Betten bis hin zur Zimmertür einnimmt, braun. Es gibt keinen Tisch und keinen Stuhl in meinem Zimmer und selbstverständlich sind Kommode und Schrank vollgestopft mit Klamotten und allem möglichen anderen Kram der Familie. Auf dem Schrank türmen sich bis zur Decke Koffer, Taschen und alte Computerteile. Aber das Zimmer hat auch einen großen Luxus. Es gibt ein richtig großes Fenster mit freiem Ausblick hinein in das Häusermeer von Santa Cruz. Und jetzt habe ich große Lust mit dem Erzählen aufzuhören, aber ich fürchte, dass ich dann nicht mehr nachkomme, so viel passiert ständig. Bin ich doch seit drei Tagen zuckerkrank, laut Blutanalyse, außerdem habe ich bei einem Sturz auf dem Glatteis meinen linken Arm demoliert und weiß auch nach einer Röntgenaufnahme vor drei Tagen, dass im Ellenbogen etwas abgesplittert ist, also doch eine Fraktur, nicht an zentraler Stelle, die Mechanik ist nicht beeinträchtigt, aber immerhin, der Arm tut nach fast drei Wochen noch weh. Meine innerlichen Verhältnisse sind gut. Irgendwie komm' ich mir selbst komisch vor, aber mir gefällt mein grünes Fensterzimmer mit dem weiten Ausblick und der vielen frischen Luft. Die Nacht war freilich kühl, es gab nur eine dünne Decke. Die Familie versprach mir jetzt eine zweite. Ah, sie naht gerade in diesem Moment; nein, gleich zwei zusätzliche Decken, por fin menos mal. Und, heute ist Sonntag, die gesamte Familie

macht einen Ausflug zum Teide. Überhaupt die Familie. Die ist multikulturell. Samira, Ehefrau und Mutter, kommt aus Marokko, José, 44, Ehemann und Vater, stammt aus Mexiko und hat lange in Australien/Melbourne gearbeitet und gelebt. Das Paar hat zwei Töchter im Teeniealter. Deren Namen habe ich erst mal vergessen. Ich muss die Namen lauschend wieder aufschnappen oder irgendwie anders geschickt rauskriegen. Wär' mir peinlich, wenn ich direkt nachfragen müsste. Na ja, eine Tochter holt grad' noch Sachen für den Teide-Ausflug aus meinem braunen Schrank. Ich muss lachen ...
Alle sehen nett aus, sind fröhlich und unkompliziert. Es wird gesungen und gelacht. Also, die Stimmung in der Familie ist harmonisch, zufrieden und glücklich, jedenfalls in den ersten 20 Stunden, die ich als fünftes willkürlich inkorporiertes Familienmitglied mit Sonderstatus erlebe.
Schon mein Weg zu dieser Familie in mein grünes Prophetenzimmer gestaltete sich schwierig
Gestern Abend als ich gegen 21:00 Uhr endlich in Santa Cruz, Estación de Autobuses, ankam, war ich zunächst happy, dass da auch Taxis waren. Also nichts einfacher als ein Taxi zu nehmen, dem *„taxista"* die Adresse zu nennen und bald würde ich da sein. Der coole, lockere Taxifahrer, ein salopper Gigolotyp mit Pferdeschwanz und einer tüchtigen Prise Ganoventum ins Gesicht geschrieben, plauderte mit lauter Stimme, fast ein wenig herablassend mit dem Fremden, fand aber nur die C/ Heliodoro Rodriguez López, was offenbar leicht ist, aber nicht die Recidencia Los Principes, und schon gar nicht Piso 9, Portal 17, 6H. Also wollte er mich loswerden. Damit war ich nicht einverstanden. Also fuhr er in der Straße fünf Minuten lustlos hin und her. Wir fragten dann aus dem Taxi heraus zweimal Passanten nach der Recidencia Los Principes, ohne Erfolg. Dann wollte der kaltschnäuzige Ganoven-Pferdeschwanz-Gigolo mit der lauten Stimme endgültig nicht mehr. Er hielt an, öffnete den Kofferaum und holte meine Sachen heraus: klarer Rausschmiss! Letzteres inbegriffen kostete mich das 4 Euro. Preiswert. In Freiburg wäre das auch schon ohne Rauswurf sehr viel teurer geworden.
Da stand ich also und begann mich durchzufragen. Erst auf der einen, dann auf der andern Seite. Immerhin, da war ein Platz, eine Art Ram-

bla mit Cafés und Restaurants. Vier, fünf, sechs Leute frug ich. *„Los Principes"*, keine Ahnung. Ein junges Mädchen (freundlich, die befragten Männer waren hingegen kurz angebunden) dann: „Ah ja, ich glaube, das sind *„los verdes"* – *„die Grünen"* (grün, meine Schicksalsfarbe, ich hätte Christina nie sagen sollen, dass ich grün nicht besonders mag!), dort oben. Und da waren sie: Hochhäuser, 20 Stock hoch, grün verputzt. Und tatsächlich ein engelhaftes Mädchen erklärte mir bei Nr. 26, ich sei nun richtig. Das Gebäude nebenan müsse Nr. 25 sein. Ich ging die paar Schritte und fragte einen alten Mann, der aus dem Hause kam. Der sagte: nein, falsch. Das ist nur das *„edificio"* Los Principes, nicht die *„Residencia"*, die muss woanders sein. Zum Glück kam nochmals der Engel von vorhin und nebenan und meinte erneut, doch das müsse richtig sein. Also hinein in das Gebäude, der ältere Mann begleitete mich zu den Klingeln. Dort waren keine Namen, also „6H" gesucht und bei „6H", sonst stand da nichts, geläutet. Bingo! Das war die Familie. Die versuchte offenbar zu öffnen, zweimal, dreimal, aber die Türe ging nicht auf; erneutes Klingeln, oben wird auf den Knopf gedrückt, geht aber nicht, siebenmal, achtmal, neunmal, mein Helfer klingelte nun bei sich selbst, riss und rüttelte an der Gebäudeeingangstür, und beim vierzehnten oder fünfzehnten Mal: Heureka, Sesam öffne Dich, ein Wunder geschah, mit einem kleinen nervösen Schnappen gab die Türe nach, und ich war drin. Und jetzt in den Aufzug? Ehrlich gesagt, war ich inzwischen nervös und hatte schwere Bedenken. Wenn sich jetzt auch noch der Aufzug seltsam gebärden würde? Es half aber nichts, also hinein und hinauf in den neunten Stock. Der Aufzug blieb Gott sei Dank brav. Oben trat ich in den stockdunklen Flur, niemand erwartete mich. Nach einigem Suchen fand ich den Schalter für die Flurbeleuchtung. In dem rechteckigen Flur fanden sich 8 Wohnungstüren. Alle zu! Ohne Namen! Ach ja, winzige Buchstaben und Zahlencodes. Und here it comes: „6H". Nach zweimaligem Klingeln öffnet ein Mann mittleren Alters, von undefinierbarer Nationalität, mich aber in einer unkomplizierten freundlichen Weise willkommen heißend. Er führte mich direkt vom Flur ins Wohnzimmer zu einem runden Tisch, an dem kein Platz mehr war. Dort saß in einer Samstagsabendrunde vereint *„meine"* Familie mit dem jüngeren *„primo"* des Hausherrn, den er mir bei der

nun folgenden allgemeinen Vorstellung und Bekanntmachung zunächst als seinen *„Onkel"* präsentierte; das wurde schnell korrigiert. Da kein Platz war, vielleicht auch wegen der Besorgnis, ich könnte an dem Tisch sitzend zu lange verweilen, wurde ich nicht aufgefordert, mich zu setzen, vielleicht macht man das hier einfach unaufgefordert, jedenfalls ergab sich eine fünf- bis zehnminütige Unterhaltung zwischen dem stehenden Fremden und der Tischrunde. Dann wurde ich mit meinem grünen Paradies vertraut gemacht und meinem eigenen Bad. Ich kann nicht verhehlen, dass ich doch etwas konsterniert war, wie sollte das nur gehen? In diesem Zimmer, dieser nicht sehr großen Wohnung zu fünft auf engem Raum. Ich könnte vielleicht meine Betten zu *camas calientes*[2] umfunktionieren und tagsüber untervermieten, um mehr Intimität zu erzeugen?
Danach bat ich um die Schlüssel, inspizierte spazierend die nähere Umgebung, genehmigte mir ein Bier und versuchte erstmals dies alles zu verdauen. Das klappte nicht so ganz. Ich blieb einfach besorgt, und erst jetzt kamen mir ein gewisser Stoizismus, meine Flexibilität sowie meine Art, alle Dinge aus verschiedenen Blickwinkeln zu betrachten zugute. Dabei spielte eine große Rolle, dass ich inzwischen die Probleme mit der Elektrizität, dem Anschluss des Rasierapparats und vor allem dem Anschluss des Laptops löste. Denn ich habe zu guter Letzt in meinem Zimmer doch noch eine Steckdose gefunden und inzwischen, am Day After in the Wee Wee hours, besitze ich dafür auch den notwendigen Adapter, damit der Laptop-Stecker, dort reinpasst. Por fin menos mal, wie der Spanier sagt – zu guter Letzt nicht sooooo schlecht!

Erster Rundgang durch die Stadt,. Sehr schön, viele Parks in meiner Nähe: parque de viera y clavijo, parque de la Granja, parque Don Quijote und etwas weiter entfernt, dafür aber in der Nähe der Sprachschule *Canarias Cultural* der grosse parque municipal Garcia Sanabria. Sehr viele Palmen, wunderbar grün alles. Schöne Plätze.
In etwa zwei Stunden kann man Santa Cruz umrunden, in einem halben Tag gut erforschen. In der Nähe meiner Unterkunft liegt das Fuß-

[2] Betten, die sich zwei oder mehr Personen teilen.

ballstadion. Dorthin strebten heute auch viele ältere Damen mit Fanschals um den Hals. Ich höre gerade, dass die heimische Mannschaft ein Tor erzielt hat, alles schreit *„Goool"*. Mein Blutzuckermessgerät machte mir heute Morgen Probleme, dabei war der Wert nicht so schlecht, nämlich 275, ich habe dann gefrühstückt und später Paella zu Mittag gegessen und habe jetzt gegen 17:00 Uhr nochmals einen Test probiert. Das hat jetzt technisch prima geklappt, mir aber einen medizinischen Horrorwert von 527 beschert. Da kommt schon Panik auf. Ich habe mich dennoch erst mal beruhigt und warte ab, erhöhe auch die Dosis meines Medikamentes noch nicht. Mal schauen, wie sich das in den kommenden Tagen entwickeln wird?
Das Wetter schwankt heute zwischen 15 und 23 Grad Celsius, und es tröpfelt manchmal ein wenig, dann verzieht sich der Regen aber wieder. Sehr kapriziös.
Ach ja, fast hätte ich vergessen, dass ich probeweise auch meine Schule gesucht und gefunden habe. Sie ist ungefähr fünfundzwanzig Minuten Fußweg von meiner Unterkunft entfernt. Ich habe mir vorgenommen, den Weg zunächst zu Fuß zu gehen.
Es ärgert mich, dass ich kein Locutorio finde und auch nur Telefonzellen für nationale Gespräche. Ich würde so gerne in Deutschland anrufen und ein bisschen plaudern. Vielleicht ist das bei *„Correos"*, der Post, möglich, die hat hoffentlich morgen wieder auf.

Der Speicheplatz auf der Festplatte, Partition C, wird immer weniger, obwohl ich Platz geschaffen habe. Es liegt offensichtlich ein sich ausweitender Hardwaredefekt vor.
Heute Nacht habe ich gut geschlafen. Die zusätzlichen Decken haben für Wärme gesorgt. Heute Morgen gab es dann den von mir erwarteten Stau im Gang zwischen den zwei Bädern. Diese Leute sind zwar nett, schauen aber, dass ich ihnen so wenig wie möglich in die Quere komme. Bislang esse ich im Wesentlichen allein, vor der Familie. In der engen Wohnung können sich freilich fünf Menschen nicht vollständig aus dem Wege gehn. In meinem Bad war ich wohl zum Leidwesen der Familie endlos mit allen möglichen Verrichtungen im Gange, habe endlos geduscht, Zehennägel geschnitten, Füße gut behan-

delt, gepisst, geschissen in aller Ruhe, das dauert schon ... an mir einen Runterholen dachte ich nicht, war auch gar nicht zu denken. Aha, 7:10 Uhr, ich werde zum Frühstück gerufen.

Gefrühstückt habe ich allein in der Küche. Das war mir aber ganz angenehm. Frühstückt die Familie nach mir, draußen in der Küche oder im Wohnzimmer, zusammen, jeder für sich oder gar parallel zu mir im Schlafzimmer der Eltern, wo auch der Fernseher steht? Die sonst freundliche Familie sorgt jedenfalls für ihre Abschottung. Ich lebe hier nicht in oder mit der Familie, sondern neben ihr. Die Tendenz ist klar, unsere Kontakte sollen minimalisiert sein. In der engen Wohnung kommt man aber so oder so nicht aneinander vorbei. Ist vielleicht die geniale Lösung für uns alle. Mir ist es jedenfalls so sehr recht, bin gespannt, wie sich das weiter entwickelt.
Mein Morgenmahl bestand aus getoastetem Weißbrot und Omelett, grüner Tee und Mineralwasser. Die Portion war immer noch viel zu groß, ich habe die Hälfte übrig gelassen.
Dann ist da noch die Frage des Bezahlens, sollte ja dieser Tage im Voraus sein, an die Familie für drei Wochen Euro 423, an die Schule Euro 550, später für die Wohngemeinschaft (zwei Wochen) Euro 160, Summe Euro 1133, abzüglich bereits an Canarias Cultural bezahlter Euro 120, also insgesamt noch Euro 1013. Würde mich nicht wundern, wenn es da auch noch Probleme gäbe. Dann werden die mich aber ungemein hart kennenlernen ...

Die Schule war lustig, begann natürlich nicht um 8:30 Uhr, sondern erst um 10:00 Uhr. Wenige Schüler, winzig, aber ganz ansprechend. Hatte einige Déja-Vu Erlebnisse. Gab auch eine kleine Diskussion um den Preis für die Schule, sollte plötzlich 50 Euro mehr kosten, das habe ich aber sofort abgeschmettert. Es gibt viele Deutsche da. In meinem Kurs (sechs Personen) sind auch ein Amerikaner, Ned aus Colorado (Nähe Denver), und ein Norweger, Per (Zahnarzt). Sympathisch ist vor allem ein Deutscher, Rainer aus Frankfurt (Beamter – Ausnahmen bestätigen die Regel). Der Unterricht war ganz interessant, die Lehrerin nett, die Schüler kenntnisreich. Unser Zahnarzt Per ist offensichtlich ein typischer Narziss, klein, kahlköpfig wie Yul Brynner, auffallende Brille, introvertiert und sehr selbstverliebt. Er verträgt Konkurrenz kaum und schon gar nicht, wenn diese deutlich besser spanisch spricht als er. Wird spannend, ihn zu beobachten. Großer Ansturm bei den Computern/Internet. Dort geht man besser frühmorgens hin. Hier, zuhause ist kein Schwein von der Familie. Ich gehe jetzt Essen und Geld besorgen, um die Rechnung der Schule zu bezahlen.

Gestern war ich beim Oficina de Turismo im *Palacio Insular*, am Hafen gelegen. Die Dame dort war sehr freundlich. Es gab allerdings nur einen kleinen mageren Plan von Santa Cruz, Puerto de la Cruz und La Laguna sowie der gesamten Insel auf Vorder- und Rückseite verteilt, auch mit Angaben über Buslinien. Mir wurde der Erwerb einer TITSA -Bono-Bus-Karte empfohlen für 12 oder 30 Euro, damit könne man auf ganz Tenerife Bus fahren. Der jeweilige Preis wird offenbar automatisch abgezogen und von dem Entwerter hinten auf der Karte notiert. Wahrscheinlich muss man dem Fahrer aber dazu das Fahrziel angeben?

Der Mexikaner José ist ein richtiger Venezolaner, das hat sich gestern Abend herausgestellt. Samira hatte diesmal einen richtig guten Salat mit Thunfisch und allem drum und dran zubereitet, ist fast schon beleidigt, weil ich nichts esse, und bestand darauf, dass diesmal gegessen werde. Bei diesem Salat hatte ich keine Bedenken und futterte alles brav auf. Der mexikanische Venezolaner José leistete mir Gesellschaft, und es stellte sich heraus, dass er ein regelrechter Musikfan ist. Beim Thema Musik kommt Leidenschaft in den Mann, alles wird lebendig, die schwarzen Augen funkeln nur so ... Dann schleppte er ein Quatro, ein 4-saitiges venezolanisches Instrument, heran mit einem Heft, welches venezolanische, südamerikanische Lieder enthielt, deren Texte mit Grifftabulaturen unterlegt, und er spielte ein wenig recht und schlecht, er hat sich alles, was er kann, selbst nach Gehör beigebracht, und immer wieder musste ich das Instrument, dessen Stimmung ziemlich seltsam anmutet, in die Hand nehmen und mich daran versuchen. Absoluter Katzenjammer war das Ergebnis. Die vier

Saiten liegen so hoch, dass man eine Hand unter sie schieben und auf das Holz des Instrumentenkörpers legen kann. *So muss das sein*, sagte darauf José, *wenn das ein gutes Quatro sein soll.* In Venezuela probiere man das sogar vor dem Kauf, das sei ein Gütesiegel. Später fragte er mich, ob ich klassische Musik möge, und als ich bejahte, nach meinem Lieblingskomponisten? Ich antwortete *Schubert*, und er schleppte sogleich einen Riesenschuber mit dreißig CDs an, begann darin zu suchen. Er hatte offenbar keine Ahnung von klassischer Musik, kannte keinen der berühmten Komponisten wie Bach, Händel, Mozart, Beethoven, Chopin et cetera. Ich fand dann darin eine Schubert-Einspielung von dessen 9. Symphonie, und er schenkte sie mir. Ich höre sie gerade über meinen Laptop, während ich dies schreibe. Hübsch! Dann sollte ich schätzen, was ihn so ein originalverpackter Schuber mit dreißig CDs gekostet habe. 120 Euro. – Weniger. – 100 Euro; 70 Euro. – Weniger. – Wie viel denn dann? Und er sagte mir mit blitzenden Augen und stolz geschwellter Brust, sich ein wenig auf den Zehenspitzen reckend, er wurde wirklich fünf Zentimeter größer: *„88 Centesimos"*! Das schaffte mich wirklich. Das alles für weniger als einen Euro. Wir unterhielten uns angeregt über die Kosten einer CD-Hülle, eines Rohlings, der Verpackung, usw., und ich äußerte meine Überzeugung, dass diese Firma längst pleite sein müsste, vor allem als ich erfuhr, dass die Firma einen riesigen Stapel so verkauft hätte. Der ganze Haufen sei innerhalb von fünf Minuten weg gewesen. José hatte selbst sechs Schuber gekauft für nicht einmal 6 Euro, nicht, weil er klassische Musik mag, sondern zum Verschenken, ein ideales Geschenk und so preiswert. Recht hat der Mann!

Dann geriet das Gespräch auf Technik, Computer, Festplatten, USB und MP3-Player. José hat tausende Musikstücke auf seinem Computer, ca. 3000. Er war allerdings ein bisschen enttäuscht, nachdem ich nämlich meinen Sony-MP3-Player vorführen musste, und wir feststellten, dass auf dem kleinen Gerät über 4000 Songs gespeichert waren. Auch das Töchterchen wurde jetzt zur Inaugenscheinnahme des kleinen technischen Wunders herbeigerufen; sie war begeistert, aber als José sie fragte, was sie vermute hinsichtlich der Quantität von gespeicherten Songs, antwortete sie: *„12 000"*. Ja, die Jugend!

Gegen 22:00 Uhr verabschiedete ich von meinem neuen ‚Musikfreund' und begab mich in mein grünes Prophetenzimmer. Vor dem Zubettgehen maß ich meinen Blutzucker ohne weitere technische Probleme und siehe da: 141. Zufrieden bettete ich mich sanft zur Ruhe.

Heute Morgen wurde ich wie schon vortags zu meinem Vorwegfrühstück allein gerufen. Wunderbarer Toast mit Käsefüllung oder so, aber viel zu viel für mich, ich aß ein Drittel, trank wunderbaren Tee und herrliches Mineralwasser, von dem ich mir drei Gläser genehmigte; ein Exzess.
Samira wird wahrscheinlich entsetzt sein, dass ich wiederum zwei Drittel des Frühstücks liegen gelassen habe.
Nach Jahrzehnten der Völlerei holt mich im hohen Alter von 58 Jahren meine Kindheit wieder ein, in der ich gar nichts essen wollte, aber ständig dazu aufgefordert und unter Androhung von Kochlöffelschlägen dazu gezwungen wurde.
Die Kochlöffel habe ich später in aller Familienöffentlchkeit zerbrochen. Anfangs aber musste ich meine Zuflucht zur Strategie der heimlichen Essensvernichtung nehmen, d. h. so viel Essen wie nur möglich die Toilette runterspülen.

In der Schule habe ich erneut die Computer exploriert, es ließ sich aber auf Diskette nichts speichern. Dann tauchte neben mir ein ca. 80-jähriger Bayer auf, ich bin also beileibe nicht der älteste in der Schule. Dass es unterschiedliche Altersstufen hier gibt, gefällt mir gut, und fast alle sind sehr nett.

Einige sind schon zum zweiten Male hier, auch Rainer. Dann hab' ich noch Brigitte getroffen, die nach den Erzählungen von José meine Vorgängerin im grünen Zimmerchen war. Sie ist seit neun Wochen hier, reist aber am kommenden Samstag ab. Sie saß zufällig im Kurs neben mir und lachte herzlich über die Geschichte mit den hundert Büchern. Dann tauschten wir unsere Erfahrungen aus. Auch Rainer berichtete mir von recht unterschiedlichen Erlebnissen mit Familienunterkünften. Er ist jetzt bei einer jungen Familie mit einem hyperkinetischen 3-jährigen Kleinkind, das bis 23:00 Uhr tobt, Sachen herumwirft und mit dem Dreirad durch die Räume pest. Auch er verfügt

nicht über einen idealen Schreibplatz – *„die Leute hier lesen und schreiben nicht“* – nein danke, lieber das grüne Zimmerchen.
Von Rainer habe ich auch den Tip mir ein WLAN (Wireless Network Connection), das es auch extern mit USB-Anschluss gebe, zu besorgen. Damit könne ich mich einfach so über Funk ins Internet einwählen, kostenlos. Das soll recht häufig funktionieren, da das Funknetz gut ausgebaut sei. Das muss ich unbedingt probieren, kann auch zuhause in Freiburg nützlich sein.

Der Unterricht war bislang interessant und abwechslungsreich, von Spielen durchsetzt, an denen dann auch der Parallelkurs teilnahm, gute Gruppendynamik. Chapeau!

Ich habe mir im Supermarkt für mein Mittagessen Vollkornbrot und Schinken eingekauft und dann gleich zwei Scheiben mit viel Schinken genüsslich verzehrt. Ich kam aber nicht mehr dazu, das Haus zu verlassen, weil José auftauchte, mich zu einem Kaffee einlud und sich dann ein Gespräch über Gott und die Welt ergab, das fünf Stunden dauerte. Später leistete uns Töchterchen Freda, von der Schule heimgekehrt, Gesellschaft, erpresste später Vaters Aufmerksamkeit und Kochkünste. José ist ein Tausendsassa und wahrer Genießer, ein echtes Talent. Spricht irgendwie auch ganz authentisch etwas italienisch, mit richtiger Aussprache, Intonation und den entsprechenden Gesten.

Unsere Themen drehten sich um Musik und Tanz, Beziehungsprobleme und vieles mehr. José und Samira sind schon 20 Jahre lang verheiratet, sie ist eine starke Frau, versucht ihn an der kurzen Leine zu halten, verlangt mehr Aktivität seitens José im Haushalt. Er wiederum hätte gern mehr Freiheit. Die Harmonie trog also; es kriselt durchaus in der Ehe. Vielleicht kann ich dezent positiv einwirken. Mal sehen? Mein Spanisch wurde wiederholt, nach meinem Eindruck durchaus ernstgemeint gelobt, was mir natürlich gefiel. Auf alle Fälle, war das fünfstündige pausenlose Gespräch mit José, der mich durchaus korrigiert, bestimmt noch effektiver als der Kurs heute morgen. Wenn das so weiter geht, muss ich allein deswegen meinen Aufenthalt hier verlängern. Zumal José seine seit vier Jahren unberührte, dreiundzwanzig Jahre alte Gitarre hervorgeholt hat, aus der Plastikverpackung auswickelte und morgen mit neuen Saiten versehen will. Danach steht mir wohl hier eine Gitarre zur Verfügung, und ich werde wohl ein wenig Gitarrenunterricht geben müssen. Samira ist distanzierter, ihr Herz schwerer zu gewinnen, so sind sie halt die resoluten Frauen, auch hier mal sehen ...

Mein Blutzucker gegen 21:00 Uhr, etwa eine Stunde nach dem etwas opulenteren Abendessen, nämlich Gemüsesuppe, dann Gemüse mit Gambas, eine Scheibe pan integral: 264.

Witzig war, dass Samira (arbeitet jetzt als Friseuse) die Rede auf einen Schüler brachte, der ein hohes Tier bei der Post in Frankfurt sei und hier bei ihrer Chefin wohne. Es stellte sich dann heraus, dass es sich um Rainer handelt ...

Heute Nacht hab' ich spanisch geträumt. Mein Kopf schwirrte nur so. Der fünfstündige Gesprächsmarathon mit José war mein persönlicher Rekord. Ich habe in dieser Zeit wohl mehr spanisch gesprochen, über Gott und die Welt, als in drei Jahren auf der Volkshochschule in Freiburg. Ich bin schon gegen 5:30 Uhr aufgewacht und beschäftigte mich mit spanischen Redewendungen. Meine Familie scheint jetzt alles im Griff zu haben und schafft es bereits jetzt, also vor mir, zu frühstücken. Bueno!

Irgendwelche Hausaufgaben hab' ich nicht gemacht. Ich muss zugeben, als die Lehrerin etwas von Hausaufgaben erzählte, schaltete ich direkt ab. Ich habe mich seit meiner Schulzeit kaum verändert. Schon damals hasste ich Hausaufgaben und interessierte mich lieber selbständig mit Begeisterung für alles andere.

Es passiert hier ständig so viel Aufregendes, dass ich vorerst gar nicht dazu komme, meine Eindrücke von der Stadt zu schildern.

Was meine Probleme mit dem Blutzucker betrifft, musste ich feststellen, dass ich zuwenig Messstreifen und Lanzetten dabei habe. Ich bin also in eine Apotheke gegangen und habe dort lange verhandelt. Aber es gibt hier keine passenden Streifen für mein Messgerät. Schließlich habe ich telefonisch mit meiner Freundin Lili in Freiburg gesprochen, die in wahrhaft bewunderungswürdiger Manier alle Probleme im Handumdrehen löste. Das Besorgen der Materialien in Freiburg war einfach, aber das Transportproblem hatte es in sich, da die Materialien keiner allzu großen Kälte ausgesetzt werden dürfen. Im Flugzeugbauch herrschen Temperaturen von bis zu -40 Grad Celsius, und niemand bietet Sonderverpackungen mit Kälteschutz an. Also hat sie einen Privatboten über eine Reisegesellschaft in München für mich organisiert, der die Sachen im Handgepäck nach Puerto de la Cruz in das Hotel Miramis mitnimmt. Dort kann ich das Päckchen am kommenden Sonntag abholen. Ich bin begeistert, nicht nur von dieser effektiven Hilfe, sondern ganz besonders von deren gekonnt eleganten, fast ästhetischen Ausführung. Man erkennt die Hand einer praktischen Künstlerin. Lili – ein geschmackvolles Organisationstalent. Chapeau. Applaus!

Der Computer nervt, ständig meldet er zu wenig Speicheplatz auf der Partition C, nämlich keinen.

Gestern Abend, anderthalb Stunden nach dem Essen, Blutzucker: 181. Ich bin heute spät dran, schlief zu lange, also keine Dusche nur Katzenwäsche. Nachdem ich gestern ein wenig helles Blut im Stuhl feststellen musste, hab' ich das Mittel zur Abschwellung der Blutergüsse in meinem lädierten Arm abgesetzt.

Mein Leben ist in den letzten Jahren drastischen Veränderungen unterworfen, zumeist positiven. Ich denke, dass man Krankheiten, soweit sie überschaubar und beherrschbar sind, durchaus ins Positive wenden kann. Ein Nebeneffekt könnte sein, dass ich wieder schlank werde. Und am Hafen muss ich in einem netten Lokal auch nicht mit Bier, Wein, Sekt und einer deftigen Mahlzeit sitzen. Mineralwasser, Tee mit Milch sind auch herrliche Sachen. Der wahre Genießer zeigt sich darin, dass er mit aller Leidenschaft auch die unscheinbaren Dinge genießen kann. Welch Wunder, ein köstliches Mineralwasser, ein herrlicher grüner Tee, fantastische Milchtropfen ...
Das kommt außerdem meinem Hang zur Askese, zum Mönchtum, bisher mehr eine aufgesetzte Attitüde, ein Kokettieren, entgegen, den ich nun realisieren kann. Warum nicht? Das Leben ist köstlich, nicht

nur makrokosmisch, sondern vielleicht sogar in höherem Maße mikrokosmisch, die vernachlässigte Welt der kleinen, winzigen Dinge, die sich bei näherer Betrachtung qualitativ als großartig entpuppen können.

Rainer erzählte gestern in der Schule abenteuerliche Geschichten von seinen Bemühungen bei der UNED (ich weiß noch gar nicht, was das ist – die Uni, eine Bildungseinrichtung jedenfalls). Er versucht ständig, die Möglichkeiten eines Fernstudiums zu erkunden. Er informiert sich im Internet und schlägt sich dann zu den entsprechenden Adressen durch. Kein lokales Schwein, das er dann fragt, hat irgendeine Ahnung. Die *Aula Mentor? – que es eso, no esiste!* (was ist das, gibt es nicht!).
In den ersten Tagen lief er sich dabei tatsächlich in Santa Cruz seine Füße wund, Blasen und Blut; vor allem ein großer Zeh wurde so sehr in Mitleidenschaft gezogen, dass er in den Marterschuh an der entsprechend Stelle ein Loch schnitt, um dem Zeh Platz und Luft zu verschaffen.

Schuberts 9. Symphonie, die aus den Lautsprechern meines Laptops sanft tönt, wirkt balsamisch.
Klassische Musik passt einfach besser zu Tee und Mineralwasser. Alkohol und Drogen ergänzen sich wunderbar mit Rock, Jazz, Blues. Vielleicht determiniert die Lebensweise, was man zu sich nimmt und umgekehrt?

Rainer fand nach einigem Suchen (eine Woche lang) schließlich die *Aula Mentor*. Die entsprechende Bildungseinrichtung öffnet jedoch exakt um 16:55, und kaum ist man drin, wird das Gebäude, etwa um 17:05 Uhr, abgeschlossen, damit Störungen während des Unterrichts sicher vermieden werden. Im Sekretariat freilich erneut, *no esiste*, Recherchen nach dem *encargado* (Verantwortlichen), der ist nicht da (*no está*) und so fort. Die Sekretärin verweigert standhaft seine Einschreibung, bis dann wie von Geisterhand der Verantwortliche sich doch noch findet. Der muss Rainer allerdings ins Sekretariat begleiten, um dort der ungläubigen Sekretärin zu erläutern, *doch das gibt es*. Mit beleidigter Miene schrieb sie ihn dann ein. Rainer musste sofort eine stattliche Summe bezahlen. Während der Einschreibung zweifelte das

Dämchen an, ob der Kurs wirklich stattfinde, womöglich bezahle er die zwei Monate im Voraus umsonst.

Meine Vorgängerin *„en mi habiatación“* (in meinem Zimmer) und Nachbarin zur Rechten in der Schule, Brigitte, sieht aus wie fünfzig, ist nach Aussage von José achtundsechzig, spielt Flöte, liebt Klassik, geht ständig in die entsprechenden Konzerte hier (eine Art Festival, Eintritt durchschnittlich: 60 €). Sie habe das grüne Prophetenzimmer kaum verlassen, dort den ganzen Tag studiert. Nach neunwöchigem Aufenthalt wird sie am kommenden Samstag abreisen.

Die Schule hat gestern schon (für mich also nach zwei Tagen Unterricht) Fragebögen verteilt, man soll auf Englisch (!) erklären, wie man die Schule findet. Die Äußerungen sollen (als Werbung) auf einer englischen Internetseite veröffentlicht werden. Danach werden hier massenhaft Engländer erscheinen.

Die Familie hat Fernseher und Stereoanlage aus dem Schlafzimmer der Eltern ins Wohnzimmer geräumt. Ein Zeichen des Vertrauens?
In der Schule stellte sich heraus, dass es in der Calle Ramon y Cajal einen Spanier gibt, der jeden Tag Ausländer anspricht und darum bittet, dass er sich mit Ihnen auf Deutsch oder Englisch unterhalten dürfe. Er verabredet sich dann mit einem im La Granja parque, 7:45 Uhr, wo man zusammen spazieren geht. Witzig ist, dass sowohl Rainer als auch Brigitte, das mit Mario erlebt haben. Anfangs bestanden allerdings große Zweifel, ob es sich um denselben Mann handle. Der erzählt von seinem Leben ganz unterschiedliche Dinge. Bei Rainer war er verheiratet, hatte mehrere Kinder, bei Brigitte, seit kurzem verwitwet, danach vereinsamt. Ihr schlug er gleich vor, sie solle doch bei ihm wohnen und ihn auf einer Reise nach Lloret begleiten.
Rainer ist heute wieder mit ihm verabredet, geht aber nicht hin, weil er seinen letzten Abend mit seiner Familie verbringt. Er meinte, ich solle hingehen! Ich werde mich hüten.

Heute abend 21:15 fahren einige Leute von der Schule irgendwohin zum Essen. Ich wandte ein, dass meine Diät entgegenstünde, wurde aber überredet, dass ich auch einen Salat essen könnte. Also nehme ich teil mit Mineralwasser, Tee und Salat.

La Laguna, das ich gestern besuchte, war eher langweilig. Offenbar habe ich die falsche Zeit erwischt.
Alle Läden geschlossen, fast kein Mensch auf der Straße.

Ich vergaß fast, ein aufschlussreiches Detail, das sich im gestrigen Unterricht ergab: Die Behandlung Homosexueller während Francos Zeiten in Spanien. Eine ähnliche Behandlung wie diejenige, die Alex erfuhr in Clockwork Orange[3], um „resozialisiert" in die Freiheit entlassen zu werden. Man zeigte schwulen Männern unterschiedliche Sexszenen und sorgte mit einer mechanischen Vorrichtung dafür, dass deren Augen nicht geschlossen werden konnten. Schmerzfrei war dann nur Heterosexualität zu betrachten. Immer, wenn es Männer miteinander trieben, wurden Stromschläge appliziert. Unklar blieb, wie man mit lesbischen Frauen umging?

Das Mahl gestern Nacht fand in Bajamar/Punta del Hildalgo statt, einem Städtchen im Nordosten der Insel, sowohl am Meer als auch am Fuße des Anaga-Gebirges gelegen. Dort spürt man das Wehen des Passat-Windes. Bajamar ist fest in deutscher Hand. Zu siebt waren wir in zwei Autos dorthin unterwegs: Pablo (Chef des Ganzen), zwei Russinnen (Katja und Maria), der 80-jährige Lucas, ein pensionierter Amtsrichter aus dem Salzkammergut (also kein Bayer, sondern ein Österreicher), der Amerikaner Nate (Nathan), Brigitte und ich.

Im Gespräch mit Brigitte ergab sich ihr reales Alter: 58. Pablo ist ein hübscher, etwas naiver *Chicharrero* (in Santa Cruz geborener Canario), Mitte 20, hat offenbar Geld (von seiner Familie), ein geradezu klassischer Macho-Yuppie. Ihn interessieren nur Geld, das damit verbundene Prestige und Frauen. Die Fahrt in seinem Geländewagen war aber lustig. Ich kitzelte seine Macho-Ansichten heraus. Wir scherzten, ich glaube aber, dass der Kern seiner Äußerungen seine wirklichen Ansichten widerspiegelte. Er hat natürlich zwei novias (Freundinnen,

[3] Dystopischer Roman von Anthony Burgess, 1962; von Stanley Kubrick 1971 verfilmt.

Verlobte), eine deutsche aus Bayern und eine spanische auf der Insel. Letztere sei hübscher. In Deutschland hätten die Frauen die Hosen an. Alle deutschen Frauen lechzen nach einem Latin Lover (also nach ihm), weil sie so viel bessere Liebhaber als Deutsche seien und so fort. Seine Frauen müssten aufs Wort folgen. Brigitte und ich amüsierten uns glänzend, auch später beim Beobachten der Flirts der Russinnen mit Lucas und Pablo. Ich glaube, Pablo hatte bereits was mit Katja. Bei der Heimfahrt um 1:00 Uhr nachts spezialisierte er sich auf Maria, die durchaus willig schien. Junge Weiber sind oftmals aber auch so doof! Ich hatte richtig Mitleid mit ihr.
Unser Restaurant hatte eine Terrasse direkt am Meer, spezialisiert auf Fischsachen. Es wurden sechs oder sieben Sachen bestellt, von denen alle ein bisschen probierten. Die Speisen waren köstlich. Ich befürchtete danach einen Blutzuckerwert von über 500! Pustekuchen: 164. Brigitte erzählte mir dann noch, dass sie eine Technik entwickelt habe des Häuserhütens, das sei attraktiver und billiger als jedes Hotel. Sie werde ständig weiter empfohlen und reise so sehr preiswert herum.

Die Festplatten/Speicherplatzprobleme meines Laptops werden gravierender. Hoffentlich hält das Teil die nächsten 4 Wochen durch.

Ich habe mich morgen mit Brigitte verabredet. Sie hat darum gebeten, weil ihr die Decke am letzten Tag auf den Kopf falle. Mal sehen, was wir unternehmen werden.

Mario geistert weiterhin durch die Straßen, auf der Suche nach einem willigen Touristenopfer.

Heute abend, 19:00 Uhr werde ich ins Kino *Victor* (Plaza de la Paz) gehen. Links daneben, um die Ecke, in der Pulido entdeckt man übrigens die beliebte Cerveceria Metro (Bierkneipe).

Heute Mittag will ich versuchen das untaugliche Stimmgerät (für die Gitarre von José) zurückzugeben.

Nachdem ich gestern Nacht erkannt habe, wie abgelegen die Residencia liegt, ohne jegliche Infrastruktur in der Umgebung, hab' ich heute José angedeutet, dass ich die ganzen 5 Wochen bei der Familie bleiben wolle. Das sei kein Problem meinte er, machte dabei ein irgendwie sphinxisches Gesicht. Ich bin müde, habe gestern Nacht zu wenig geschlafen.

Der Umtausch des Stimmgeräts klappte. Besitze an dessen Stelle jetzt eine Mundharmonika in A-Dur, was Christina bestimmt freuen dürfte. Die alten Leutchen waren wiederum umständlich aber sehr nett.

Das Programmkino *Victor* (zeigt nur Originalfassungen mit spanischen Untertiteln) war beispiellos. Ein geräumiger Saal mit großer Leinwand. Die Decke ziemlich hoch über bequemen, tief gelegten Sitzplätzen schwebend. Dann ein sensationeller Film: „Eros" – Drei faszinierende Episoden über Liebe, Sex, Einsamkeit, Krankheit und Tod von den Regisseuren Michelangelo Antonioni, Soderbergh und einem Chinesen, dessen Name ich mir nicht merken konnte. Ein Meisterwerk! Also schaue ich jetzt in die heutige Ausgabe von „El Dia" und finde dessen Namen im Kulturteil: *„Wong Kar Wai"*.

Die erste, italienische Episode (Antonioni) handelte von einer speziellen Dreierbeziehung in atemberaubenden „Locations". Die Villa eines unzufriedenen Paares in der Krise, die Frau fast immer nackt oder halbnackt, schickes Cabrio, ein See mit singenden Sirenen auf einem Fels und immer wieder der Strand mit einem mehr oder weniger bewegten Meer, ein italienisches, lukullisches Mahl in einem wunderbaren Strandrestaurant. Dort reitet sie, die Dritte, eine schöne Frau, angezogen, auf einem edlen Pferd den Strand entlang, erscheint kurz in dem Restaurant, in dem das Paar isst, holt dort drei oder vier Äpfel für ihr Pferd und erregt die Aufmerksamkeit des Mannes, der seine Frau fragt: *„Kennst du sie?"*

„Ja, das ist die, die im Turm wohnt."

Dem Paar gelingt auch im folgenden keine Wiederherstellung einer harmonischen Beziehung. Er hätte zwar gerne Sex, sie lehnt das aber entschieden ab. Nach einem Streit trennen sie sich. Er fährt zum Turm der ihm unbekannten schönen Reiterin. Sie fragt ihn, ob ihm das totale Chaos gefalle? Er folgt ihr ins Haus, es folgen rasante spielerische Annäherungen, „Fangis" (hasch mich, ich bin das Häschen) durch das ganze Anwesen, sie rennt die Treppe hinauf, ganz nach oben zur Aussichtsplattform des Turmes, er rennt hinterher, verweilt oben, genießt die wunderbare Aussicht auf Landschaft und Meer, während sie wieder runterrast, sich auf ihr Bett wirft, sich selbst streichelt und masturbiert.

Nach einer Weile sucht er sie, findet sie aber erst, als sie ihm ein *„Ciao"* zuruft. Er geht zu ihr, steht vor der nackten Schönen am Bett und fragt, was passiere, wenn er sich zu ihr legen würde.

„Danach werde ich Dir meinen Namen nennen." Und wirklich nach leidenschaftlichem Sex: *„Ich heiße Linda"*

Das ist der einzige Name, den man in dieser Episode erfährt. Schnitt. Seine Frau mit einigen Pferden in der Nähe des Strandes. Das Handy klingelt, er ruft aus Paris an, meint dann, das klänge, als ob sie Lust auf ihn habe. Schnitt. Am Meeresstrand tanzt unsere aufregende Reiterin aus dem Turm nackt eine Art rituellen Balletttanz, als ob sie dem Meer, der Sonne, dem Wind, der Erde anböte, sich mit den Elementen der Natur zu vereinigen. Schnitt. Die Ehefrau (?) hält sich inzwischen ebenfalls am Strand auf. Auch sie verlangt es nach den Elementen, wenn auch eher noch verhalten. Schnitt. Die Ehefrau liegt mit geschlossenen Augen nackt im Sand, ein Schatten nähert sich. Es ist Linda, ebenfalls nackt. Als Linda vor ihr steht, öffnet sie die Augen. Beide lächeln. Wissend? Fine!

Die zweite, amerikanische Episode (Soderbergh) spielt fast vollständig im typischen Behandlungsraum eines Psychiaters, zwei Sessel, die berühmte schwarze Couch. Der Patient, sehr nervös, gestresst, erzählt jede Menge nervendes Zeug von Weckern und einem frustrierenden Traum mit einer Frau, nackt im Bad, später ziehe sie sich an und mache sich ausgehfertig und gehe dann auch. Zwischen ihr und dem Patienten passiert in dessen Traum nichts, der Wecker des Patienten klingelt störend dazwischen. Und die Handtasche dieser Frau ist irgendwie ein bedeutender Schlüssel zu seinen Problemen. Der Psychiater ist dabei von Anfang an unruhig, es sieht so aus, als ob ihm der Patient unglaublich auf den Sack geht, ständig schaut er heimlich auf die Uhr, er zuckt mit den Fingern, wackelt mit den Beinen hin und her, nötigt schließlich den Patienten, der sich nicht setzen will in den Patientensessel, danach mit aller Überredungskunst auf die schwarze Couch, die vom Psychiater abgewandt steht, sodass der

Patient den Psychiater auf keinen Fall sehen kann. Dann wackeln beide mit den Beinen. Der Patient soll mit geschlossen Augen seinen Traum haarklein erzählen. Und jetzt entpuppt sich auch, dass die Nervosität und Ungeduld des Psychiaters noch ganz andere Ursachen hat. Er holt ein verstecktes Operngias hervor und schaut ganz angestrengt, konzentriert durch die Jalousien, die er ein wenig anhebt, aus dem Fenster, während er beiläufig dem Patienten Fragen stellt, um ihn möglichst lang auf der Couch festzuhalten. Dann genügt das Opernglas offenbar nicht länger. Der Psychiater huscht hinter der Couch vorbei auf die andere Seite des Zimmers, sucht etwas in Schubladen. Man ahnt es schon. Nach einer Weile findet er sein gar nicht kleines Fernglas, huscht wieder zum Fenster, späht damit angestrengt durch die Jalousien. Dann bastelt er ein Papierfliegerchen, öffnet das Fenster, zielt mehrmals, bevor er es hinauswirft. Dann winkt und gestikuliert er aus dem Fenster, zuletzt mit Gesten, die suggerieren, jemand solle rüberkommen. Klar, als Zuschauer kann man in diesem Zusammenhang nur an ein Rendezvous mit einer schönen Frau denken. Ist es die Frau aus dem Traum des Patienten, der nichts gemerkt hat, während er die ganze Zeit über davon erzählte? Nach dem Arrangement des Rendezvous des Psychiaters darf der Patient ihn wieder sehen und sich wieder hinsetzen. Er fühlt sich jetzt besser, aber müde. Der Psychiater erlaubt ihm, auf der Couch zu schlafen, da ja noch Zeit sei, und rast selbst mit einem Affenzahn zur Türe (zum Rendezvous?). Schnitt. Am Ende der Episode erlebt man dann den Patienten mit seinem Partner oder Angestellten Hal in seinem Werbebüro, darüber sinnierend, wie es denn jetzt mit der Werbekampagne für den neuen Wecker *„Samson"* stünde. Schnitt. Dann schweben immer wieder neue Papierfliegerchen aus dem Praxisfenster des Psychiaters.

Die dritte chinesische Episode (Wong Kar Wai), mit dem Titel *„Die Hand"*, schildert die Beziehung eines chinesischen Schneiders zu einer schönen Edelprostituierten über viele Jahre hinweg. Der Schneider liebt sie, treu, beständig, ohne Hoffnung. Sie bleibt seine einzige und zugleich unerreichbare Frau. Die Episode beginnt am Krankenbett der Prostituierten, die glaubt, dass sie sterben müsse. *„Es ist ansteckend, geh weg!"* Er rührt sich nicht, sitzt auf ihrem Bett, hält tröstend ihre Hand, und sie fragt ihn: *„Erinnerst Du Dich, wie wir uns* *kennen lernten?"* Er bejaht, und in einer grandiosen Rückblende wird die Geschichte dieser verzweifelt traurigen, von Einsamkeit, Isolation und Hoffnungslosigkeit, aber tröstenden Kraft einer unbeirrbaren Liebe aufgerollt. Der noch junge Schneider, damals Lehrling eines meisterhaften Couturiers, spricht in der Wohnung der von reichen Kunden umschwärmten Kurtisane zum ersten Mal vor, um Aufträge entgegenzunehmen. Er muss in einem Nebenraum warten und hört deutlich das Stöhnen einer Frau, eines Mannes, einen Orgasmus. Nachdem kurz danach der Kunde der Hure gegangen ist, wird er zu ihr vorgelassen. Eine schöne Frau mit großer erotischer Ausstrahlung. Sie benimmt sich ihm gegenüber wie eine Domina. „Komm näher!" „Zieh das aus!" und deutet auf seine Hose. Er will nicht. Sie droht ihm: „Ich kann Deinen Meister anrufen, du wirst Deine Stellung verlieren." Er gehorcht, lässt die Hose herunter. „Das auch!", sagt sie dann und zeigt auf seine Unterhose. Als er unten herum nackt vor ihr steht mit einer Hand vor seinem Geschlecht, sagt sie ihn musternd: „Du hattest noch nie eine Frau." Er nickt verhalten, seine Pobacken zittern, sie streichelt ihn zart zwischen den Beinen, ihre Hand wandert langsam empor zu seinen Eiern, zu seinem Schwanz, während sie mit Nachdruck zu ihm sagt: „Dein Meister ist schon alt, Du wirst ihm nachfolgen, ich möchte, dass Du Dich immer an dieses Gefühl erinnern wirst, wenn Du für mich kostbare Kleider machen wirst." Großaufnahme vom Gesicht des Schneiderlehrlings. Grandiose Schauspielleistung. Diese Miene spiegelt alle Sensationen wieder, erst Angst, Scham, zunehmende Erregung, Leidenschaft, Orgasmusexplosion. Alles spielt sich ohne Geräusche, in fast vollkommener Stille ab. Schnitt. Und danach schneidert er jahrelang für die Edelhure die schönsten Kleider, die man sich vorstellen kann. Immer wieder hört er im Wartezimmer nebenan Geräusche der Liebe. Und niemals schläft sie mit ihm. Er wagt auch gar nicht, einen Versuch zu unternehmen, sich ihr so zu nähern. Er ist ihr ergebenes, sie stumm verehrendes, ja liebendes Werkzeug. Er dient ihrer Schönheit mit seinen genialen Modeschöpfungen, das ist alles. Er schweigt, leidet und liebt sie, immer und ewig.

Die Kurtisane erlebt einen Niedergang, sie wird dicker, dann offensichtlich krank, und die reichen Kunden verlassen sie, sie kann ihre

Rechnungen nicht mehr bezahlen. Der alte Schneidermeister weist seinen Angestellten an, eine offenstehende Rechnung einzutreiben. Mit großem Widerstreben kommt er dieser Forderung nach. Eines Tages wohnt die Kurtisane nicht mehr in ihrer schönen Wohnung. Sie geht jetzt eher auf den Straßenstrich, wohnt in einer maroden heruntergekommenen Bleibe. Als sie auch dort nicht mehr die Miete bezahlen kann, erledigt das der Schneider für sie. Schnitt, und wir sind wieder beim Anfang der Episode. *„Weißt Du noch wie wir uns kennen gelernt haben?"* Er nickt. „Ich habe Dir nie für all' die schönen Kleider, die Du mir gemacht hast, gedankt." Ich habe keinen schönen Körper mehr, nur noch meine Hände. Sie öffnet seinen Hosenschlitz, um ihn zu streicheln. Zum ersten Mal kommt Bewegung in ihn, er presst seinen Körper an die Kranke, er bedeckt ihr ganzes Gesicht mit Küssen. Große Emotion. Schnitt. In der Schneiderwerkstatt, offensichtlich einige Zeit später. Der junge Schneider kommt gerade, und der alte Schneidermeister fragt ihn, ob er den Auftrag bei Frau Soundso (die Edelhure) habe erledigen können. „Nein, es waren so viele Kunden da". Der alte Meister: „Ich hätte nie gedacht, dass sie sich noch einmal so erholen und wieder so gute Geschäfte machen würde!" Schluss.

Ich hatte Bescheid gesagt, dass ich gegen 21:00 Uhr vom Kino zum Abendessen nach Hause käme. Das war ein Fehler. Ich war schon 20 Minuten vor neun wieder hier und keine Sau ist da. Es ist jetzt kurz nach 21:30 Uhr, ich habe Hunger und sorge für mich selbst. Basta!

Nachdem gestern Abend die ganze Familie mich und mein Abendessen über sensationellen Einkäufen im *Centro Comercial* (El Campo) – Handy für 6 Euro – vergessen hatte, schuldbewusst und voller Scham kurz nach 22:00 Uhr erschien, ich mir daraus gar nichts machte, vielmehr seelenruhig erklärte, Samira solle sich keine Sorgen machen, ich hätte schon gegessen, ich sei kein Kind mehr, war Samira sehr erleichtert. So habe ich ihr Herz ganz offensichtlich erobert, die Distanz ist weg, ein herzlicheres Verhältnis bricht sich eine Bahn.

Im ganzen Trubel vergaß ich allerdings meine Blutzuckermessung. Ich habe heute deswegen gleich nach dem Frühstück einmal mehr gemessen: 182. Samira bereite mir einen tollen blutzuckergerechten Imbiss: Rührei, Vollkornbrot, etwas Schinken. Ich futterte alles auf, trank dazu Tee und Mineralwasser.

Bei diesem Frühstück ist mir auch zum ersten Mal auf dem Fußboden in einer Ecke eine brennende, rote Kerze aufgefallen, wie man sie in Kirchen und auf Gräbern erblickt. Sie leuchtet vor einem Gurkenglas, daneben steht ein kleines Schälchen, das wie ein Aschenbecher aussieht. Auf dem Gurkenglas steht, an die Wand gelehnt, eine winzige Madonna im weißen Kleid. Beim Essen werde ich von ihr beschützt. Wie heißen diese Kerzen (Votivkerzen?). Was ist ihr kultureller, religiöser, zeremonieller Hintergrund?

Meine letzten Blutzuckerwerte: 143, 123, 132 waren vielleicht zu günstig, weil ich versehentlich den Code 26, statt Code 17 eingestellt hatte. Eine Messung heute morgen (mit meinem letzten Teststreifen), dreißig Minuten nach dem Frühstück ergab nämlich dann: 164.

Ich werde demnächst nach Puerto de la Cruz fahren, die Stadt besichtigen, bummeln, Vielleicht den *Loro Parque* heimsuchen und abends Lilis Päckchen für mich mit den Teststreifen und Lanzetten abholen, so Gott will!

Im Hotel Semiramis in Puerto Cruz de la Cruz war das Päckchen mit den Teststreifen und Lanzetten schon da, als ich um 17:00 Uhr dort anlangte. Wunderbar. Ich war froh und bedankte mich herzlich.
Puerto de la Cruz ist nach wie vor fest in deutscher Hand. Die Touristen beklagen sich aber immer mehr, dass sich das Wetter nachteilig verändert habe. Immerwährender Sonnenschein sei nicht mehr garantiert, mehr und mehr gebe es Wolken und Regenschauer. Dies gelte, wenn auch in geringerem Maße für den Süden der Insel. Das Städtchen besitzt jedoch immer noch seinen Charme, freilich getrübt von den gelangweilten, mürrischen Mienen massenhaft alter Touristen.

Ich lief an der Küste entlang, vorbei an den schönen Meerbädern Martianez, immer weiter, bis ich das etwa 1 km östlich von Puerto Cruz gelegene Hotel Semiramis erblickte, ein großer Kasten, direkt über dem Meer hängend, von ihm nur durch die dazwischenliegende *Carreterra de Este* getrennt. Ich zweifelte, ob es von der Meerseite einen Hoteleingang gebe, dachte mir dann aber, dass für die Hotelgäste, die ans Meer wollten, sicherlich zumindest ein Hinterausgang bestehen würde, zumal man unten im Meer ein Schwimmbecken mit der Aufschrift *„Semiramis"* sehen konnte. Weit gefehlt, dort gibt es nichts. Ich musste also weiter nach Osten, bis ich einen für die Touristen angelegten, parallel und oberhalb zur Carretera verlaufenden, hübschen Panoramaweg fand, auf dem ich mich nun von Osten dem Hotel Semiramis näherte. Bald kam mir ein munteres altes Männchen, ich schätzte ihn auf 80, entgegen, der sprach mich an, indem er auf die Zeitungen, die ich bei mir trug, deutete: *„Lauter Lügen, nichts als Lügen! Ich habe bei der Zeitung gearbeitet, ich weiß Bescheid."* Er erzählte mir dann, dass er jetzt seinen Hauptwohnsitz in Italien, irgendwo auf dem Land in der Umgebung von Venedig habe, das Leben sei dort billiger. Nach Tenerife käme er im Winter für fünf Monate. Ab und zu schreibe er noch etwas für die Tageszeitung *„El Dia"*. Er habe auch ein Gedicht über den Teide verfasst. Und schon begann er zu deklamieren: *„O TEIDE, etc., pp. ...."* Ich kam nicht zu Wort. Dann verabschiedete er sich urplötzlich, genauso schnell, wie er aufgetaucht war und verschwand munter sein Spazierstöcklein schwingend. Das Ganze erinnerte mich stark an Märchen aus meiner Kindheit, in denen Zwerge, Kobolde, gute Geister, Feen als alte Weiblein oder Männlein verkleidet plötzlich auftauchen, um einsame Wanderer auf die Probe zu stellen. Je nachdem wird man dann bestraft oder belohnt. Oft erhielt ein Wandersmann oder ein junges Mädchen diese berühmten drei Wünsche geschenkt, die ihm erfüllt würden. Bislang ist mir dergleichen jedenfalls nicht passiert!
Ich setzte meinen Weg fort, bis ich an einen kleinen Platz mit Bänken und besonders schöner Aussicht zum Meer kam und setzte mich, um gerade noch zur rechten Zeit zu erscheinen, das jammervolle Schauspiel einer fußverletzten Dame mitzuerleben, in den 40ern, klein, pummelig, roter Rock, gelbe Bluse, barfuß vor der Brüstung zum

Meer stehend, mit schmerzverzerrter Miene. Die Blasen an ihren Füßen konnte selbst ein Kurzsichtiger, wie ich es bin, auf fünf Meter Entfernung gut sehen. Neben ihr stand ein schlanker, baumlanger Schwarzer, Jeanshosen, Jeansjacke, das ganze komplett in blaugrauer Farbe und hielt zwei hässliche weiße Holzpantoffeln, offenbar allerletzter Modeschrei, mit einem Lächeln zwischen Hilflosigkeit und Amüsement in seiner Hand. Er sprach auf die Frau ein, während er mir zuzwinkerte und grinste. Seine Lustigkeit gewann an Boden. Schließlich zog die Dame die Schuhe wieder an, der Schwarze verabschiedete sich mit noch fröhlicherer Miene von mir; sie gingen. Ein uralter deutscher Mann, der mit seiner alten deutschen Frau, mit verbissenem Antlitz neben mir auf der Bank saß, meinte: *„Das gibt viele kleine Negerlein!“* Darauf hatte ich keine Lust und verpisste mich.

Die Busfahrt hin und zurück war nicht sehr angenehm. Als ich zur Busstation kam, die jetzt auf den Namen *„Intercambiador“* (Austauscher) getauft worden war, stellte sich heraus, dass jedenfalls an diesem Tag mit Pünktlichkeit nicht gerechnet werden durfte. Diverse Busse waren bereits ausgefallen. Jetzt drängelte sich eine Menge Leute, um den nächsten Bus, der wiederum mit beträchtlicher Verspätung starten würde, ganz sicher zu bekommen. Ich stand vorne in der Warteschlange, aber als der Bus kam, baute sich rechts von mir ein zweite Warteschlange auf mit etwa zwölf bis vierzehn hochbetagten Fruinen (Frau + Ruine, ich Macho!), deren bitterböse Mienen Schlimmes ahnen ließen. Und tatsächlich, sie wollten als erste in den Bus, reklamierten das auch als ihr ureigenstes Recht und erschlugen mich fast mit ihren Stöcken und Handtaschen, als ich ihnen nicht gleich den Vortritt lassen wollte. Eine keifte mich an, ich sei schlecht erzogen, was ich mir einbilden würde, und so fort.
„Regen Sie sich ab, gehen Sie nur, es ist mir egal“, versuchte ich sie zu beruhigen; sie marschierte an mir vorbei, stieg in den Bus und plärrte dort mindestens noch weitere drei Minuten. Nachdem sechs oder sieben Fruinen an mir vorbei waren, wurde die Schlange hinter mir unruhig, also sagte ich zur nächsten alten Dame, dass ich jetzt an der Reihe sei und stieg vor der Verdatterten ein. Der rammelvolle Bus fuhr endlich los.

Als ich bei der Rückfahrt den Bus bestieg, war dieser schon voll. Ein Dutzend Leute standen. Und alle schauten mich sofort richtig böse an. Ich weiß nicht, was ich diesmal verbrochen hatte. Was hatte ich diesen mürrischen Menschen getan. Ich vermute, dass nur die arme einheimische Bevölkerung mit dem Bus über Land fährt. Die betuchteren *„Canarios"* lieben ihr Auto über alles. Sie benutzen garantiert nie den Bus. Das erklärt möglicherweise ein Ressentiment der armen eingeborenen Fahrgäste gegenüber dem fremden, „reichen" Deutschen. Warum nimmt dieser keinen Mietwagen, warum fährt er nicht mit dem Taxi? Der hat doch Geld!

Es ist Nacht. Seit Stunden regnet es. Heftig! Ich bin gegen 2:00 Uhr aufgewacht, weil ich aufs Klo musste. Danach war es vorbei mit meinem Schlaf. Ich fühle mich beschissen. Mein ganzer Oberkörper schmerzt undefinierbar irgendwie. Ist es das Herz, die Lunge, die Wirbelsäule. Ich bin wie eingeschnürt, und in beiden Armen zieht es. Ich finde keine Stellung, die mir zu schlafen erlaubte. Mein Abendessen (zwei Gänge mit Fischsuppe, Gambas, Auberginen) liegt mir schwer im Magen. Mir ist schlecht. Ich will dem Affen in die Seele pissen, trinke jetzt ein Glas Wasser, dann messe ich meinen Blutzucker: 150. Daran kann es also nicht liegen. Ein sich anbahnender Infarkt?
Ich bin müde, will ins Bett, fürchte aber, dass ich so nicht wieder einschlafen kann. Einsam und schlaflos in Santa Cruz.

Ich bin dann erst gegen 6:30 Uhr ins Bett, schlief ein und wurde zum Frühstück von Samira (Sami) pünktlich um 7:40 Uhr geweckt. Es gab eine Art Müsli mit Cornflakes, getrockneten Rosinen und heißer Milch. Es gelang mir nur mit Mühe einige Löffelchen davon zu essen. Blutzucker: 220. Danach ging es mir dennoch besser. Es regnete immer noch in Strömen. Ich nahm deshalb den Bus, der 45 Minuten Verspätung hatte. Mit dergleichen ist hier, wie ich in der Schule von Carmen hörte, bei Regen regelmäßig zu rechnen. In der Schule ging es mir wieder gut. Nach meinem schmalen Mittagsmahl (ein Brot mit reichlich Schinken, Käse und Oliven) betrug mein Blutzucker nur noch: 114.

Ich will mir vielleicht einen Regenschirm kaufen. Auch billige Schuhe sind hier in großer Auswahl zu kriegen. Leider sind meine Reisetasche und mein Handgepäck bereits zum Bersten voll.

Bei meinem Einkaufsbummel in der Calle del Castillo entdeckte ich viele preiswerte Sachen. Sehr gute Schuhe gibt es für ca. 70 Euro, Pullis für 18 Euro. Wirklich schade, dass ich keinen Platz dafür habe. Mein Knirps, den ich bei einem netten Verkäufer erwarb, kostete 3,28 Euro. Dann begann ich mit verschiedenen Busse die *„verbotenen"*, höher gelegenen Viertel, vor allem das *„Barrio Salud"* und das *„Barrio Nuevo"* zu erforschen. Anregend, man kann von den Hügeln über die gesamte Stadt hinweg aufs Meer kucken. Ein sehr lebendiges Quartier gibt es rund um die Avenida Venezuela. Das muss ich unbedingt näher erforschen. Alle diese Gegenden finden sich auf keinem Stadtplan für Touristen. Versteht sich! Dass aber immer wieder auf Frage versichert wird, es gebe keinen offiziellen Stadtplan mit Straßenverzeichnis von Santa Cruz, halte ich für eine Lüge. Morgen werde ich dessenthalben in den großen Buchhandlungen der Stadt nachhaken, notfalls gehe ich zum *„Ayuntamiento"*, der Stadtverwaltung. Ich will außerdem sehen, ob es möglich ist, Vorlesungen der Universität in *La Laguna* zu besuchen und möchte auch Gerichtsverhandlungen (Strafprozesse) beobachten! Welche Bibliotheken gibt es hier?

Ich trage mich jetzt mit dem Gedanken auszugehen. Da kommt für mich nur Kino in Betracht, entweder *„King Kong"* von Peter Jackson um 21:15 oder *„Arcadia"* von Costa-Gavras um 22:15 Uhr?

Nach wie vor gibt es kein Mineralwasser in diesem Haushalt, gestern Abend nicht, heute Morgen nicht. Dafür gab es das scheußlich schmeckende hiesige Hahnenwasser in einer Karaffe. Obwohl José in den letzten Tagen ziemlich oft und lange zuhause herumhing (vielleicht ist er arbeitslos?), schlafend und lesend, kümmert er sich um nichts, besorgt also auch kein Mineralwasser. Samira geht arbeiten, macht den Haushalt, betreut mich. Himmlische lateinamerikanische Verhältnisse – für Männer!

Ich ahnte aber den Mineralwassermangel schon und habe mir daher gestern auf dem Nachhauseweg von der Schule eine Flasche mit 1,5 Liter Fonteide Agua Mineral (sin gas) gekauft.

Ich tat mir *„King Kong"* an, bis 0:45 Uhr. Der Regisseur Peter Jackson (Herr der Ringe) hat sich bis ins hohe Alter eine kindliche Seele bewahrt, die auch noch durch den grausamsten Hollywood-Kommerz durchschimmert. Das zeigt sich in der drolligen Dinosaurier-Stampede trotz aller Schrecken und in der sich langsam entwickelnden sentimentalen Liebesbeziehung zwischen der Bestie und der Schönen (La Belle et la Bête); mit den Augen der Protagonisten als Spiegel ihrer Seele, den wunderbaren, ach so menschlichen Macho-Attitüden des großen Affen (oder handelt es sich bei dem menschlichen Machobetragen im Grunde um tierisches Erbe?), diesem Imponiergehabe, Sich-in-die-Brust-werfen, während die Schöne ihn mit diversen akrobatischen und tänzerischen Vorführungen verblüfft. Ein tolles Spielzeug, dem der Riesenaffe jedoch allmählich verfällt, das er beschützt (tolle Kampfszene: King Kong ganz allein gegen eine Übermacht blutrünstiger Dinos). Die Bestie gewinnt mehr und mehr menschliche Züge. Das Tier und die Frau, sie lieben sich, nahezu sprachlos. Der Affe brüllt, trommelt, knurrt, faucht, brummt, während die Schöne zweimal, beim Betrachten romantischer Sonnenuntergänge über paradiesischen Landschaften, zart und sanft *„precioso"* (köstlich) zum Affen haucht. Der schwarze (eigentlich braune) Riesenaffe King Kong hält die schöne weiße Frau im weißen Kleid mit blondem Haar zärtlich in der Hand, in die sie freiwillig kletterte (gib dem Affen Zucker). Einmal berührt sie sacht und delikat sein Fell. Das ist die Erotik des Paars. Physisch kann die Kluft zwischen den beiden nicht geschlossen werden, um so mehr aber psychisch, eine platonische Liebe! Soll so die Liebe zwischen einem schwarzen Mann (oft als Affe) beschimpft und einer weißen Frau stattfinden bzw. unmöglich sein. Die Angst vor dem schwarzen Mann. Die weiße, technisierte Gesellschaft reagiert auf die archaische Urgewalt, die Dunkelheit (ein Matrose trägt auf dem Expeditionsschiff eine Ausgabe von Joseph Conrads *„Heart of Darkness"* mit sich, natürlich u. a. auch eine Anspielung auf *„Apocalypse Now"*), die ursprüngliche Natur mit technischer Gewalt (Kanonen, Maschinengewehre, Flugzeuge) aus der Ferne (die Amerikaner führen, seit den Flächenbombardierungen des Zweiten Weltkrieges, seit Hiroshima und Nagasaki, ihre neuen Kriege am liebsten von oben her, aus der fernen Luft, sie vermeiden möglichst Bodenkämpfe mit direkten Feindkontakten). Nur so ist King Kong zu besiegen, zu einem Zeitpunkt, als ihn seine Liebe zur Schönen, zivilisierter, ungefährlicher, sanfter gemacht hat. Das erkennen die unverständigen, zivilisationsrohen Weißen nicht. Nur sie will ihn retten, sorgt sich, trauert um ihn. Auch rassistische Implikationen liegen, wie ich oben angedeutet habe, auf der Hand. Die moderne technisierte, weiße Gesellschaft, die den Riesenaffen mit Chloroform betäubt, seiner archaischen Welt, in der er König ist, entreißt und nach New York verschleppt, die gegensätzlichste Umgebung, die man sich vorstellen kann, eine veritable Hölle für den Affen, ein vielleicht noch größeres Inferno als es die archaische Insel für die weiße Expedition gewesen war (es gibt im Film einen „zivilisierten" Schwarzen, eine Inkonsequenz, ein Kotau vor dem schwarzem Publikum!). Klar, wie nicht anders zu erwarten, die Spezialeffekte des Films sind großartig.

In der Schule wurden heute alle Schüler in einem Kurs versammelt, mit der Lehrerin für die Anfänger. Denn Carmens Opa war plötzlich verstorben, und sie so traurig, dass sie nicht unterrichten konnte und heimging. Der zweite Lehrer, José, war immer noch krank. Diese Klasse war zwar ganz lustig, fachlich aber verdammt langweilig.

Ei siehe da, zuhause ist wieder ordentliches Mineralwasser zu haben. Ich bin begeistert!
Mein Mittagessen war karg wie immer, ein Brot mit Schinken, etwas Käse, einige Oliven.

Ich bin gestern ein Stück weiter gekommen. In der Buchhandlung *„La Isla Libros"* (c. Robayna 2) konnte ich einen vollständigen Plan (mit Straßenverzeichnis) der gesamten urbanen Zone: La Laguna, Santa Cruz, La Cuesta und Taco (letztere sind Vorstadtviertel von Santa Cruz) erwerben. Ich entdeckte in der Robayna auch eine Wäscherei, in der ich meine schmutzige Kleidung preiswert reinigen lassen kann, für 8 oder 12 Euros, je nach Menge.

Abends erhielt ich ein musterhaft gesundes, schmackhaftes Essen: Gemüsesuppe, Spinat mit Fisch.
Santa Cruz ist ein heißer Kandidat, um hier fünf Monate im Jahr, von November bis März zu leben. Etwa alle sechs Wochen würde ich über Madrid für ein paar Tage nach Freiburg fliegen. Weihnachten und den Jahreswechsel wahrscheinlich ganz in Freiburg verbringen. Von April bis Oktober wäre ich gerne dort, unterbrochen von zwei oder drei kurzen Besuchen (ca. 5 - 14 Tage) der großen Metropolen Paris, Lisboa, Rom, Neapel, Palma de Mallorca, Barcelona, Istanbul, London, New York et cetera.
Natürlich locken nach wie vor die großen Trips nach San Francisco, Mexiko, Australien und Südamerika (Buenos Aires)! Ich brauche also viel Zeit und ausreichend Geld.

Kann verflucht lästig sein, wenn man pissen muss und weiß nicht wo! Allmählich habe ich aber im Stadtzentrum verschiedene Anlaufstellen entdeckt, falls ich aufs Klo muss: Das Restaurante Callao an der Plaza Weyler, McDonalds in der „Castillo“ oder das moderne Musikgeschäft schräg gegenüber von „La Guitarra“ in der *„Pulido“*, welches ich bis gestern abend immer übersehen hatte. Im 2. Stock gibt es da eine Musikschule mit Toilette. Der Laden verkauft auch ein brauchbares elektronisches Stimmgerät (afinador) von Korg.

In der Schule war es ohne Carmen ziemlich langweilig.

Ich habe den Justizpalast in der *„Tres de Mayo“* ausfindig gemacht und werde mich dort einmal umschauen. Heute Abend gehen die Leute von der Schule essen in der *„Taberna del Puerto“* in Santa Cruz. Es wird zugleich der Abschied von Anette sein. Frank, der Motorsport-Journalist, und Anette freundeten sich an, nachdem Per kein Interesse gezeigt hatte. Ich schwankte sehr, ob ich mich am nächtlichen Event beteiligen sollte, werde aber nun doch hingehen, weil Pablo, Lucas und Adriënne, die nette Sekretärin, dasein werden. Mal sehen.

Das war ein halbwegs netter Abend. In der Kneipe *„La Taberna del Pueblo"* isst man gut. Wir bestellten wiederum sieben oder acht Speisen, von denen jeder nach Belieben nahm. Ich kostete von allem, sündigte mit einer Krokette und einer undefinierbaren mit Spinat ummantelten fettigen Kleinigkeit, stürzte mich aber vor allem auf die gegrillten Sardinen. Dazu Wasser und zum Schluss ein Tee. Den Gomerón (Honig mit Schnaps) und den Rotwein verweigerte ich, ebenso die panierten Calamares. Per erschien mit einem Pulli, dessen großer Ausschnitt, den Blick auf seine Schultern und seine Brust erlaubte. In mir taucht langsam der Verdacht auf, dass Per schwul ist. Der wohlhabende Zahnarzt machte jedoch Eindruck auf einen Teil der Damen (Katja und Anette); mich langweilt er zunehmend. Adriënne interessiert sich mehr für mich, was mir sehr entgegenkommt. Ich finde, dass sie im Umfeld der Schule mit Abstand die attraktivste Frau ist, 1,80 m groß, blond, verschmitztes Gesicht, fröhlich, lacht viel, humorvoll, tolle Figur (man beachte, dass das in meiner Aufzählung zuletzt kommt). Sie wirkt, als ob sie Ende 20 wäre. Es schockte mich, dass sie erst 21 Jahre alt ist. Ich machte, dass ich gegen 0:30 Uhr nach Hause kam. Überraschender Blutzucker: 75?!

Die Flirts der „jungen" Leute, das Anbaggern, die gesamten Anbahnungsakte scheinen sehr banal, irgendwie fast unerotisch zu sein. Ich weiß nicht, nein danke!

Tja und der 80-jährige Lukas ist erst 64, mein lieber Schieber. Ein aufgedunsenes, von Falten durchzogenes, wulstig hügeliges Gesicht, nicht fett, aber die Figur aus dem Leim, unproportioniert. Er vertraute mir an, dass in seinem Alter die jungen Frauen unerreichbar wären, „man träumt davon, schee wärs scho!"

Auf meinem Weg zur Schule, vorbei am Estadio de Futbol, über die plaza Republica Domenicana, die avenida de Asunción, die Brücke über den Barranco (ausgetrocknetes Flussbett) laufe ich am Ende der Brücke direkt auf eine Tafel zu mit der Aufschrift: *„Obesidad, Nutrición, Dietas"* (Fettleibigkeit, Ernährung, Diäten) – tägliche Ermahnung, Warnung, Programm! Ich lese das jeden Morgen und muss immer wieder lachen, aber gleichzeitig präge ich mir das intensiv ein.

Im Barranco sind Bauarbeiten im Gang. Das Gelände dort unten soll unmittelbar oberhalb des Flussbettes zu einer Art Uferpromenade ausgestaltet werden. Das wird sicher hübsch, aber ob das auf Dauer gut geht und nicht beim ersten kräftigen Sturmregen von den herabströmenden Wassermassen wieder weggefegt werden wird?

Nach meinem gestrigen Essensexzess bin ich gespannt auf meinen Blutzucker (vor allem nach dem wunderlich niedrigen Wert von heute Nacht); 25 Minuten nach meinem Routinefrühstück (3/4 Toastbrot mit Käse und Schinken): 154.

Ich trage mich mit dem Gedanken eines Wochenendausfluges nach Las Palmas de Gran Canaria. Mit dem Fred.Olsen-Express könnte ich am Samstagmorgen um 8:00 Uhr starten und wäre 1 Stunde später in Agaete. Von dort aus ginge es mit dem Ferry-Bus in einer weiteren Stunde zur Hauptstadt Las Palmas. Ich würde dort in einem billigen Hotel übernachten und am Sonntagabend mit der letzten Fähre um 20:30 Uhr nach Santa Cruz zurückkehren.
Das bedeutet, dass ich heute abend um 21:30 ins *Cine Victor* gehen muss, da ich den Film des Wochenendes auf keinen Fall verpassen möchte.
Das Ganze ist nicht billig: Überfahrt 60 Euro, Hotel ca. 50 Euro, Essen (mein Schweizermesser nicht vergessen) et cetera. Leichtes Gepäck. Ich würde nur eine Zahnbürste und Zahnpasta, meinen Regenschirm, ein schmales Buch sowie das Messgerät und Medikamente für drei Tage (Sicherheitsreserve für einen Extratag) mitnehmen. Mal sehen, ich werde jetzt Näheres auskundschaften.

Ich interessiere mich auch für den Kurs *„Percusión Latina"*, den die Musikschule Musicanarias (in der Pulido) anbietet.

Ich habe mich für einen Samstagsausflug nach Las Palmas entschieden. Mir kamen nämlich Bedenken, auch noch den Sonntag dort zu verbringen. Wahrscheinlich herrscht dann dort „tote Hose"! Die

Übernachtung in einem Hotel würde zudem viel Zeit kosten und mich sehr unflexibel machen, da ich ja mehrfach wieder ins Hotel zurück müsste. Im Hotel aber viel Zeit zu verbringen, wäre für das Unternehmen absurd. Verschwendete Ressourcen von Zeit und Geld.

Typisch, heute Morgen rührt sich meine Familie nicht. Ich werde mich also selbst um mein Frühstück kümmern müssen, um rechtzeitig die Fähre zu erreichen.

Es passiert so viel, dass ich ständig wichtige Einzelheiten vergesse, zum Beispiel, dass ich hier fortdauernd Déjà-vu Erlebnisse habe, Dutzende!

Als ich von Gran Canaria zurückkehrte, war mein Zimmer ein bisschen geputzt, mein Bett frisch bezogen, meine Decken sauber zusammengefaltet, leider fehlte aber ein Laken, sodass die Decken mich ein wenig kratzten und ich ein klein wenig fror.

Der Ausflug nach Las Palmas de Gran Canaria hat sich gelohnt. Bevor ich meine Eindrücke schildere, will ich jedoch unbedingt einen Sonntagmorgenspaziergang genießen. Ich denke , dass ich danach auch an meinem Gitarren-Kompendium weiterarbeiten sollte. Ein Besuch von *„Las Teresitas"*, dem Hausstrand von Santa Cruz, mit dem Bus in ca. zwanzig Minuten zu erreichen, lockt mich allerdings auch oder eine Fahrt in den (schon lange nicht mehr garantiert!) „sonnigen" Süden.

Ich ging spontan in die Matineevorstellung (12:30 Uhr) des Films *„Brokeback Mountain"* spanischer Titel: *„En Terreno Vedado"* (Auf Verbotenem Gebiet) von Ang Lee. Die Geschichte einer großen, leidenschaftlichen Liebe in Wyoming, vor dem Hintergrund herrlicher Landschaftsaufnahmen, zwischen zwei amerikanischen Cowboys, *„echten"* Männern, die ihr ganzes Leben lang währt, nie aber vollständig gelebt wird, wegen der sie umgebenden Gesellschaft und den eigenen Scheren in den Köpfen. Beide heiraten Frauen und kriegen Kinder (Mädchen!). Ihre instrumentalisierten Frauen werden wie sie selbst Opfer. So ein Film ist wohl erst in unseren Zeiten möglich, wenn Elton John, unter dem Beifall seines Publikums, mit viel Prominenz, seinen Lebenspartner offiziell und öffentlich ehelichen darf.

Die Moralvorstellungen meiner Familie sind da doch antiquierter.

Ich muss das schöne Wetter ausnutzen und gehe jetzt doch noch für ein oder zwei Stündchen in den nahe gelegenen Park *„La Granja"*. Musik hören, lesen, einige Notizen machen, ist auch dort möglich!

Die Familie verschwand gestern Morgen, um sich wie am Wochenende üblich mit „Spasseinkäufen" in Einkaufszentren zu amüsieren und kehrte erst spät in der Nacht zurück. Wer nicht arbeitet, sitzt von früh bis spät vor dem Fernseher, um sich das grottenschlechte spanische Programm anzutun.
Mein Abendessen (Spaghetti mit einer nicht zu identifizierenden Sauce) stand in der Mikrowelle; einen entsprechenden Zettel entdeckte ich auf dem Küchentisch.

Selbstverständlichkeiten muss man von dieser Familie einfordern. Obwohl ich gestern höflich um ein Bettlaken bat, musste ich dennoch erneut die Nacht unter kratzigen Decken verbringen, etwas fröstelnd. Nach sechzehn Tagen Aufenthalt hängen in meinem Bad immer noch die alten Handtücher. Nachdem vor einer Woche die Birne meiner Nachttischlampe kaputt gegangen war, schraubte José eine von den drei Birnen meiner Deckenbeleuchtung heraus und ersetzte damit die defekte Birne. Das Mineralwasser in der Küche ist schon wieder zur Neige gegangen, und es dauert bestimmt zwei Tage bevor neues dasein wird.

Tja und die Moralvorstellungen? Na ja, José zog mich gestern früh auf die Seite, fort aus der Küche, wo Freda aß, auf den Balkon: *„Jorge, tust Du mir einen Gefallen?"* – *„Gern, con mucho gusto!"*
Dann bedeutete mir der Familienchef, ich solle mich wegen der Kleinen unten herum mit einem Laken (welches mir vorenthalten wird?) oder

einem Handtuch (eines von den alten in meinem Badezimmer?) oder irgendwie sonst bedecken, wenn ich nachts aufs Klo müsse, damit Freda keinen Schaden erleide. Meine erwiderte Anspielung auf offenstehende Türen machte keinen Eindruck.
Wenn ich nachts aufs Klo musste, hatte ich mir bisher immer ein T-Shirt und eine Unterhose angezogen, weil sämtliche Türen, außer der zu meinem Zimmer, nachts wagenweit geöffnet sind. Ich kann mir kaum denken warum? Es ist aber lästig, weil so jeder nächtliche Klogang (ein kleiner Spießrutenlauf) von allen zwangsläufig registriert werden muss. Wenn ich dagegen früh morgens auf bin (6:00 Uhr) und rumore, schließen sie ihre Türen. So what? Will man vielleicht kontrollieren, was ich nachts treibe, ob sich der *„viejo verde"*, der notgeile Greis vielleicht heimlich zu ihrem Kinde schleicht? Keine schlechte Idee! So wird man auf Gedanken gebracht. Mal sehen.

Die fettige Salami, die bei meinem heutigen Frühstück zwischen den Toastscheiben lag, habe ich verweigert. Ich bin gespannt auf meinen Blutzucker: 140.

Das Wetter gibt sich, solange ich es beobachte, wechselhaft: um die 20 Grad Celsius, Wolken, ein bisschen Sonne, Regen. Darauf ist Verlass!

Die Schilderung der Geschehnisse meines Ausflugs nach Gran Canaria verschiebe ich erneut. Ich muss jetzt zur Schule, in der hoffentlich die Lehrerin Carmen schon auf uns wartet. Vielleicht werden heute ja auch neue Schüler dasein?

Ich habe mich jetzt um die Deckenbeleuchtung gekümmert, drei Glühbirnen mit 100 Watt brennen auf mich nieder. Sie entwickeln genügend Wärme, dass mein kleiner Raum etwas erwärmt wird. Leider verdampft der Lack auf den blechernen Lampenfassungen, sodass es unangenehm riecht. Ich lasse das Ding bei offenem Fenster eingeschaltet und hoffe, das sich das nach einer gewissen Einbrennzeit geben wird, falls das billige Zeug nicht auch noch schmelzen sollte?

Mineralwasser ist, wie zu erwaren war, keines da, und auch das Bettlaken fehlt noch immer! So ist's halt!

In der Schule (ohne neue Schüler) unterrichtete, wie ich zu hoffen gewagt hatte, Carmen. Welch Unterschied! Das war spannend, unterhaltsam und lehrreich. Nebenbei hörten wir von ihr, dass am kommenden Donnerstag, den 2. Februar, ein kanarischer Feiertag sei, letztes Jahr erst eingeführt, der Tag der Schutzpatronin (Madonna von Candelaria) der vier Inseln: Tenerife, Gran Canaria, Gomera und Hierro. Besondere Festakte sind nicht zu erwarten, die Bevölkerung macht blau, jeder feiert (oder auch nicht) nach seinem Gusto.

Ihsan meldete sich wegen dem Gitarrenkompendium. Er schrieb mir, dass er und Steffi eine Menge Material ausgegraben hätten. Auch der Wechsel nach Istanbul macht Fortschritte. Ich muss mich also ranhalten!

Die Überfahrt nach Gran Canaria (um 9:30 Uhr) war teuer, nicht nur, wie im Prospekt angegeben, € 59, sondern € 72. Man muss ein Ticket kaufen, welches vor der jeweiligen Abfahrt in eine Bordkarte eingetauscht werden muss, um aufs Schiff zu gelangen.

Adriënne meinte heute, man hätte ihr erst vor kurzem diese Prospekte als aktuelle Version gegeben.

Vielleicht verhält es sich damit genauso wie mit den billigen Flügen, die spanische Gesellschaften im Internet anbieten, Spanien – Europa ab € 29. Konkrete Flüge gibt es dann für € 150 und mehr. Ich habe das mit sechs oder sieben zeitlichen und örtlichen Varianten getestet. Es hat den Anschein, dass mit den billigen Angeboten nur gelockt werden soll. Ein Fall von unlauterem Wettbewerb! Das könnte für mich ein enorm günstiges Betätigungsfeld als Anwalt in Spanien werden!? Man lässt einen entsprechenden Verein gegen unlauteren Wettbewerb gründen, in dessen Auftrag man abmahnt und prozessiert. Nicht viel Arbeit. Die Streitwerte sind hoch und die Firmen müssen blechen!

Die Fähre der Fred Olsen Schifffahrtsgesellschaft war pünktlich, die einstündige Überfahrt komfortabel.
Um Zeit zu sparen, wird von den Dampferkatamaranen ein Tenerife nah gelegener Hafen, der *Puerto de las Nieves*, unweit von Agaete, angelaufen. Von dort werden die Reisenden (im Preis inbegriffen) in einem bequemen Reisebus (innerhalb von 45 Minuten) zur *„Plaza Santa Catalina"* in der Hauptstadt *Las Palmas* transportiert.
Dort stand auch gleich, wie praktisch, die *„Guagua Turística"* (Touristenbus für nach Sightseeing begierigen Besuchern). Dagegen war ich machtlos und fand mich unversehens oben, im Freien des Doppeldeckers wieder. Außer mir fuhren lediglich noch sechs oder sieben Engländer mit. Zum Glück schien die Sonne, was meiner Laune sehr zugute kam.
Der Busfahrer war überaus nett. Er unterhielt sich immer wieder freundlich lächelnd mit mir und gab gute Tipps. Aus den Lautsprechern kamen Erläuterungen auf Englisch und Deutsch. Die Rundfahrt gestaltete sich so sehr angenehm, und ich schloss immer mehr Freundschaft mit dem sympathischen Busfahrer, den ich leider verlassen musste, um mir die Altstadt, die Viertel *„La Vegueta"* und *„Triana"* anzusehen. Nach dem Besuch der Kathedrale, dessen Turm ich bestieg, um die wundervolle Aussicht über die Stadt zu genießen, tat es mir vor allem die *„Plazoleta de las Ranas"* (Froschplätzchen) an, in das ich mich sofort verliebte, mit seinen alten Bäumen, Kiosken, Bänken, dem mit Blumen umrahmten, rechteckigen Brunnenbecken, Restaurants und Cafés mit Freisitzflächen, die zum Verweilen einladen. An den Enden der Längsseiten des Brunnenrechtecks sitzen zwei possierliche steinerne Frösche. Daher der Name. Der Musikkiosk auf der Plaza San Telmo, das Hotel Santa Catalina mit Casino im Parque Dorama, das Gabinete Literario und nicht zuletzt das *Auditorio Alfredo Kraus* mit herrlichem Meeresblick begeisterten mich ebenfalls.

Gegen vier Uhr war ich wieder bei der Fred Olsen Bushaltestelle und tauschte im um die Ecke gelegenen Büro der Gesellschaft mein Rückfahrticket gegen die entsprechende Bordkarte. Mehr als Zeit genug, um noch zwanzig Minuten lang die *„Luis Morote"* runter zu bummeln, zum riesigen, kilometerweiten, mehrere hundert Meter breiten

Sandstrand *„Las Canteras"*, dann auf der touristisch voll erschlossenen, aber durchaus noch angenehmen Uferpromenade am atlantischen Meer entlang, blau bis hellgrün, mit weißen Schaumkronen im grandiosen Licht der langsam untergehenden Sonne.

Die Natur mit all ihren verschwenderischen Sinneseindrücken, den Farben des Himmels, dem Licht, der unendlich vielfältigen, vor Fruchtbarkeit nur so strotzenden Vegetation, mit hunderttausend Palmen (ich weiß gar nicht, ob das ausreicht, Palmen finden sich wirklich überall), verschönt alles. Schlimme Bausünden werden so gemildert, hässliche Gebäude verklärend kaschiert.
Ob die „Canarios" sich dessen überhaupt bewusst sind? Jedenfalls lassen sich ihre Bauherren und Architekten keine grauen Haare wegen der Ästhethik wachsen.

Eine Rückfahrt bei schwerem Seegang (100 km/h Windgeschwindigkeit) mit hohen Wellen, die das Schiff gut bewältigte, wenn auch mein Magen von der ständigen Berg- und Talfahrt auf eine harte Probe gestellt wurde. Kein Wunder, dass ich froh war, als gegen 20:15 Uhr Santa Cruz de Tenerife vor mir aus dem atlantischen Ozean wieder auftauchte.

Mit Musicanarias habe ich jetzt meine Perkussionsstunden bei Roberto klar gemacht: Erstes Mal am kommenden Mittwoch, dann an den Freitagen der beiden darauffolgenden Wochen. Ein Experiment!
Dort habe ich mich auch nach *„Musica Viva"* (Livemusik) erkundigt, scheint tatsächlich kaum in Santa Cruz zu existieren. Es soll aber so ein Lokal, welches an Freitagen *Musica Viva* anbiete, unweit der Rambla General Franco geben. Ich suchte vergeblich, stieß dabei aber auf die hübsche Seitenstraße General Sanjurjo (zweigt auf der Rambla, in Richtung Avenida Asunción, als drittletzte Straße vor der Plaza de la Paz rechts ab). Dort gibt es das *„Centro Gallego"* (bombige Kneipe) und die überaus günstige *„Libreria Canarias"* mit einem großen Angebot von Klassikern und Videos zu Preisen zwischen 3 und 6 Euros.

Soll ich um 21:00 Uhr noch in den neuen Film „Jarhead" gehen?

Vom Frühstück habe ich zwei Drittel liegen lassen, die fettige Salami und fast die Hälfte des getoasteten Weißbrotes (pures Gift für mich), nur das Rührei habe ich ganz weggeputzt.

„Jarhead“ (El Infierno Te Espera – Die Hölle wartet auf Dich), ein Film von Sam Mendes, erzählt die Erfahrungen eines jungen amerikanischen Ledernackens von der Rekrutierung und Ausbildung an, seinem Einsatz im ersten Irakkrieg der USA bis zur Heimkehr. Die Marines werden zu mordenden Robotern erzogen, dürfen aber nie töten. Der Krieg wird, wie die modernen amerikanischen Kriege seit dem Ende des Zweiten Weltkriegs, aus der Luft erledigt. Einmal geraten die Marines in ein *„Friendly Fire“*. Sonst langweilen sie sich in der Wüste bei fortdauerndem Drill und Schleiferei fast zu Tode und amüsieren sich obszön bei chaotischen Festen mit dröhnender Musik, HipHop, Breakdance, Alkohol. Der Film zitiert Kubricks *„Full Metal Jacket“* ebenso wie Coppolas *„Apocalypse Now“*. Bevor es in den Krieg geht, schauen sich die Marines den Teil von Apocalypse Now an, der einen Angriff von amerikanischen Kampfhubschraubern unter den Klängen von Richard Wagners *„Walkürenritt“* zeigt. Die Männer sind außer Rand und Band vor Begeisterung, grölen mit, johlen, klatschen Beifall, pure Ekstase. Abstoßend! Ein schlimmer Film! Im Grunde wird nicht der Krieg in Frage gestellt, nicht das sinnlose Töten gebrandmarkt, sondern nur die Art der Kriegsführung aus Sicht der Bodentruppen kritisiert. Kein Antikriegsfilm, nur das Lamento eines Killers, der zur Untätigkeit verdammt (wie absurd), nicht töten darf. Für die Marines ist es so bitter, nicht gebraucht zu werden. Sie dürfen ihre Bestimmung, den Feind zu töten, für die sie so hart, schweißtreibend litten, so viele persönliche und psychische Opfer brachten, nicht erfüllen. Nicht einmal ein einziger Schuss auf einen irakischen Soldaten wird ihnen erlaubt!

Ich glaube nicht, dass es sich nur um eine missglückte Kritik an militärischen Verhältnissen handelt. Derartig aufwendige Filme werden heutzutage von den Militärs, die das realistische Filmen von Technik, Waffen, Fahrzeuge und Mannschaften ermöglichen, regelrecht gesponsert. Dafür verlangen sie eine ihnen genehme, positive Darstellung, kontrollieren, zensieren.

Im zweiten irakischen Krieg der USA konnte man inzwischen eine Rückkehr zum Bodenkrieg beobachten, eine Trendwende zurück zu archaischen Methoden und Mitteln? Wie wird das weitergehen?

Die Internetseite *„lagenda.org"* listet alle Veranstaltungen im urbanen Raum Santa Cruz – La Laguna auf. In La Laguna soll es in der *„Calle de los Bares"* (Spitzname der Calle Catedral) zwei Lokale mit Livemusik geben: die *„bluesbar"* und das *„búho"*. Vor allem an Donnerstagen sollen dort Konzerte stattfinden? Nachts fahren allerdings keine Busse nach Santa Cruz, weshalb man auf ein Taxi angewiesen ist (ca. 6 €).

Die Bank *„Caja General de Ahorros de Canarias"* zeigt zur Zeit (gratis) eine Ausstellung der Sammlung Gerstenmaier. Ich habe mich mit Nate (Nathan) um 17:00 Uhr verabredet, um sie anzusehen.

Wir wurden in der Bank sehr freundlich empfangen.
Die Kunstsammlung aber war nicht bemerkenswert. Um die dreißig Ölgemälde, Landschaftsbilder und Portraits unbekannter Maler, einige davon hart an Kitsch grenzend, daneben ein Dutzend kleiner Stiche aus der Schule von van Dyck. Interessant eine Kritzelei von Miró. So etwas mag Nate überhaupt nicht, mit der modernen, abstrakten Kunst hat er nichts am Hut.
Aus der Lautsprecheranlage rieselte leise, sanfte Musik in die Ausstellungsräume, eine Cello-Suite und das berühmte Air der D-Dur-Suite von Bach, Torre Bermeja von Albeniz. Ich erkundigte mich, wer für diese Musik verantwortlich sei, der Wachmann und die Empfangsdame wussten aber nichts, kannten übrigens auch nicht im Entferntesten die Musik, die da spielte!

Nach achtundzwanzig Minuten waren wir damit durch. Nate wollte noch einige Fotos machen, wurde aber daran energisch von der Empfangsdame und dem Wachmann gehindert. Sie schützten die Interessen des Leihgebers Gerstenmaier, einem reichen, in Madrid lebenden Deutschen. Wie kommt so eine Ausstellung nur zustande?

Danach lud ich Nate ins Café-Café in der Perez Galdos ein. Dort sitzt man nett, und wir unterhielten uns bei Tee mit Milch und Cuba Libre angeregt. Nate kennt seine Freundin, die sehr viel rede, mehr als wir alle zusammen, seit fünf Jahren und sechs Monaten. Sie sei Friseuse und komme aus einer sehr netten Familie. Ans Heiraten denke er aber noch nicht.

Wir suchten dann den größten Buchladen von Santa Cruz „*La Isla Libros*" (Verzweigung Castillo/Robayna) auf; ich erkundigte mich nach einer spanischen Taschenbuchausgabe der Bibel und wurde an eine andere Filiale dieser Buchhandlung (für „*Textos*") in der *Imeldo Seris* (eine Parallelstraße zur Castillo) verwiesen. W trennten uns, und ich erwarb eine hübsche kleine Bibel (Edicion Pastoral/Latinoamérica), mit Erläuterungen, Indizes, Register, zum Preis von nur acht Euro. Abends las ich schon fleißig darin, macht richtig Spaß!

Das „*Renoir*" in der Salamanca (parallel zur Rambla del General Franco) ist das dritte interessante Kino in der Stadt. Es zeigt aktuelle zumeist preisgekrönte spanische und lateinamerikanische Filme, aber auch Originale aus anderen Ländern mit Untertiteln.

Teneriffa spielte eine wichtige historische Rolle vor Ausbruch des spanischen Bürgerkriegs. Hierher wurde Franco strafversetzt, von hier aus startete er seine kriegerischen Unternehmungen gegen die spanische Republik. Die meisten Straßen tragen Namen von Generälen (aus dieser Zeit?) oder von Heiligen.

In der Schule empfahl Nate die amerikanischen Autoren, John D. McDonald und David Sedaris zur Lektüre. Unsere Lehrerin, Carmen, schwärmt für Haruki Murakami.

Etwas versteckt, unterhalb der Rambla, direkt bei der „*Pulido*", in der Pasaje Sitia, gelegen, sind zwei Szenekneipen, das „*Parra*" und das „*El Desvan*". In der La Salle, 22, Nähe Centro Meridiano (Carrefour) soll das „*dCafé*" mit Theateraufführungen am Sonntag sein.

Abwechslungsreich ist auch das Künstlercafé im „*Circulo de Bellas*

Artes" (Calle de Castillo, 43). In der Nähe liegt das *Museo Municipal de Bellas Artes* (Calle José Murphy, 12), eine Kunstgalerie mit kanarischen Meistern.

Ich habe jetzt doch noch ein Lokal mit Musica Viva in Santa Cruz (donnerstags) ausfindig machen können: *„La Gramola"*, in der General Sanjurjo.

Heute abend 21:00 Uhr soll zudem eine Veranstaltung mit alternativer Musik im Restaurant *„La Fundación"*, Imeldo Seris 25, stattfinden? Viel zu tun!

Am Mittwochnachmittag probierte ich das Kino *„Renoir"* (4 € Eintritt) aus und ging um 16:10 Uhr in den preisgekrönten (Festival Internacional De Cine De San Sebatián, 2005 und Festival Internacional del Nuevo Cine Latinoamericano La Habana, 2005) argentinischen Film *„Iluminados Por El Fuego"* (etwa: Im Lichtstrahl der Explosionen). Tristán Bauer drehte ihn 2005 nach dem gleichnamigen Buch von Edgardo Esteban. Eine Stunde und dreiundvierzig Minuten über den in Argentinien totgeschwiegenen, für die Kombattanten aber nach wie vor traumatischen (über 300 Selbstmorde von Exsoldaten) Krieg zwischen Argentinien und England um die Falklandinseln (Islas Malvinas).

In Argentinien sollte nach der Kapitulation die Niederlage sofort vergessen werden, von den Kriegsteilnehmern wurde Stillschweigen gefordert! Also kein Wunder, dass 23 Jahre später das argentinische Heer nach der Lektüre des Drehbuchs diesem Antikriegsfilm seine Unterstützung verweigerte.

Drei 18jährige Rekruten, Esteban, Vargas und Juan, kaum ausgebildet, sechzig Tage in bunkerähnlichen Erdhöhlen auf einer kargen, eher felsigen Insel, im Winter, im Schlamm und Dreck, immer frierend, stets hungrig, krank, voller Angst, unter der Knute eines ständig kreischenden Feldwebels, angetrieben von markig patriotischen Appellen ihrer Offiziere. Dann der Angriff der Engländer, vom Meere her, Flugzeugträger, Raketen, Jagdflieger, der Einschlag von Projektilen, Bomben, Explosionen überall, zuckende Blitze, gleißendes Licht, ohrenbetäubender Lärm, britische Landungstruppen, Kampf Mann gegen Mann. Juan stirbt im Stahlgewitter. Vargas begeht lange nach dem Krieg Selbstmord, Anlass für Esteban seine Kriegserfahrungen erneut zu durchleben, nach den Falklandinseln zu reisen, um sich noch einmal alles zu vergegenwärtigen, nicht zuletzt die Freundschaft und den Zusammenhalt der drei Gefährten. In seinem einstigen Erdloch hockend, wo selbst jetzt noch alte, halb zerstörte Fotos seiner Familie herumliegen, vergewissert er sich niedergedrückt, heulend seiner selbst.

Um 19:00 Uhr hatte ich die erste Perkussionsstunde bei Musicanarias mit Roberto, einem sympathischen Typ, Schlagzeuger und Perkussionist. Wir arbeiteten mit Congas. Das war viel schwieriger, als ich gedacht hatte. Die unterschiedlichen Schlagarten erfordern beträchtliche Übung, wenn sie locker kommen und klingen sollen! Danach war ich regelrecht erschöpft.

Meine Familie wird immer nachlässiger. Natürlich ist seit Tagen kein Mineralwasser da, ich musste mir daher selbst ein Wasserdepot anlegen. Gestern Abend, als ich gegen 20:00 Uhr von meiner Perkussionsstunde zurückkam, war natürlich niemand hier, keine Nachricht zu entdecken, nichts zu essen!? Gegen 20:40 Uhr ging ich telefonieren und besuchte dann ich ein Konzert von zwei, auch singenden Gitarristen im *„Restaurante La Fundación"* (Calle Imeldo Seris, 25). Für mich eine anziehende Besetzung, die Vergleichsmöglichkeiten zur eigenen Konzert- und Spielpraxis mit Blacky (Erich Schwarz), dem Duo *„Black & Summer"* bietet.

Mit kleinem Besteck (an Verstärkern, Mischpult, etc.) und ausgezeichneten Instrumenten (Godin) boten sie hervorragenden Sound, solides Handwerk, sanfte atmosphärische Stücke, sauber gespielt und gesungen, ein Stück wie das andere, fast ohne Dynamik (immer das größte Manko!), gleichförmig, ohne Ecken und Kanten, ohne Biss!
In dem ansprechend edlen Restaurant, alle Tische zum Essen gedeckt, saßen sieben Leute, darunter drei mitreisende Groupies der Musiker. Ein gewaltiges Publikum!

Ich erlebte gerade noch das letzte Stück des ersten Sets.
Während des zweiten Sets verzehrte ich einen Ensalada Temporal (Salat) und trank dazu Mineralwasser. Nach weiteren vier oder fünf Stücken (alle englisch gesungen), hatte ich mich sattsam gelangweilt und ging.

Gegen 23:30 Uhr war ich schon zuhause. Die Eltern saßen wie immer vor dem Fernseher, Freda war nicht da, ich nehme an, dass sie zum Feiertag bei Freunden übernachten sollte, die Eltern sie dort hinbrachten und mich darüber vergessen hatten. Jetzt wurde ich befragt, ob und wo ich gegessen hätte. Dann gab es faule Ausreden, Rechtfertigungsversuche, Lügen, den Dreh, mir die Schuld zuzuschieben. Widerlich! Kühl sagte ich, *„Bueno"* und ging ins Bett.

Der Feiertag heute ist mit strahlendem Sonnenschein gesegnet, kein Wölkchen trübt den blauen Himmel. Die Familie fläzt sich vor dem Fernseher. Ich will das selten schöne Wetter genießen, werde rausgehen, um eine ausgiebige Runde durch Santa Cruz zu strawanzen.

Auf meinem Spaziergang habe ich das *„Museo De La Naturaleza Y El Hombre"* in der Fuente Morales (Ecke San Sebastian/Bravo Murillo) ausfindig gemacht und besucht (Eintritt: 1,50 €). Themenschwerpunkt des Museums sind die Kanarischen Inseln und ihre Ureinwohner, die *„Guanchen"*, deren Leben in allen Aspekten und Zeugnissen dargestellt und dokumentiert wird. Besonders aufschlussreich einige Mumien, wie sie die Guanchen herzustellen pflegten.
Entgegen sonst üblichen Wetterlaunen lachte die Sonne mir und allen *Chicharreros* (Spitzname der einheimischen Santacruzeiros; Chicharro ist eine Sardinenart), die unterwegs waren, vom reinen, tiefblauen Firmament des Himmels, vom geringsten weißen Fleck verschont, konstant in unsere fröhlichen Gesichter. Ich schoss 155 Fotos.
Es wurde 16:00 Uhr, bis ich zu meinem bescheidenen Mittagsmahl wieder *„daheim"* eintraf. José lag schlummernd im Bett, Samira und Freda, die ihrer Mutter die Haare föhnte, saßen dicht vor dem Fernseher, um ja nichts von der tollen Soap zu verpassen. Ich blätterte in der Bibel und staunte nicht schlecht über das Alter der Nachkommen

Adams, die fast alle um die 900 Jahre alt wurden (der sprichwörtliche Methusalem sogar 969), bevor Gott ihre Lebensdauer auf 120 Jahre begrenzte! Sind die modernen, menschlichen Versuche, die Lebensdauer zu verlängern, ein Sakrileg, vergleichbar dem Turmbau von Babel, zumal Gott nach dem Sündenfall Adams und Evas den Baum des Lebens vor ihren eventuellen Zugriffen besonders sicherte? Auch in *„La isla del tesoro"* (Stevensons Schatzinsel) las ich noch ein Kapitelchen, bis ein Schläfchen fällig wurde.

19:30 Uhr wurde das Abendessen serviert, eine Gemüsesuppe mit Kartoffeln und Nudeln sowie zwei Stückchen Toastbrot, die ich liegen ließ. Dafür aß ich als Dessert einen großen, roten Apfel.

Blutzucker: gestern Abend, 23:00 Uhr – 57, heute morgen, 9:15 – 167, jetzt – 150.

Alles verändert sich, in jeder Sekunde!
Ich mache es jetzt fast schon so, wie Harvey Keitel in der Verfilmung von Paul Austers *„Smoke"*, knipse jeden Tag dieselbe Kreuzung von meinem Zimmerfenster aus.

Die Technik unserer Zeit hat – trotz aller Übel – auch etwas Wunderbares, auf meinem winzigen MP3-Player habe ich 4304 Musikstücke aller Sparten von Klassik bis Jazz gespeichert. Die Songs lasse ich nach einem Zufallsprinzip abspielen, könnte gar nicht besser sein. Jedes Mal, wenn ich ein Stück von Gerald De Palmas höre, ein großartiges Erlebnis, bin ich begeistert. Immer mehr werde ich zum Fan des französischen Bluesrockers. Mit ihm geht es mir zu Beginn des dritten Jahrtausends ähnlich wie mit Eddy Mitchell (Les Chausettes Noires) in den 60igern des 20. Jahrhunderts, als ich 16 Jahre alt war. Später mochte ich Eddy nicht mehr besonders. Beethoven, Bach, Mozart, Schubert, Georges Brassens, Van Morrison, Chet Baker, Sonny Rollins, Bob Dylan und Eric Clapton blieben dagegen Konstanten meines musikalischen Geschmacks.
Neben Gerald De Palmas gefällt mir übrigens auch der zu Unrecht fast unbekannte Amerikaner Hunter Payne, den ich in meiner Kritik

einiger seiner Songs (I don't know why, Last Chance) im Internet über den Klee lobte, sehr. Es gibt so viele geniale Musiker, die unbekannt sind und unbeachtet bleiben, da ihnen die marktgerechte, werbende Unterstützung eines großen Schallplattenkonzerns fehlt.

La Gramola (Tasca - Café) in der Sanjurjo, 15, gegenüber der Libreria Canarias gelegen, ist eine ansprechende Kneipe, in der donnerstags, freitags und samstags ab 22:30 Uhr *„Actuaciones en Vivo"* (Liveveranstaltungen) stattfinden. Gestern trat der Cantautor (Liedermacher) Fran Chinea aus La Laguna auf, vor 11 mehr oder weniger interessierten Zuhörern (abgesehen von mir nur sein Anhang!). Sein einstündiges Konzert mit eigenen spanischen Liedern über die Liebe und zu kritisierende gesellschaftliche Verhältnisse (Quiero ser turista en mi tierra – ich wäre gerne Tourist in meiner Heimat) kam authentisch rüber. Er begleitete sich selbst auf der Gitarre. Solide, behagte mir.

Heute soll Alina Torres, ein karibisches Trio, spielen und für Samstag ist „Humor" mit Juanito Panchin geplant.

Als ich von der Schule nach Hause komme, läuft zum ersten Mal kein Fernsehen, nicht einmal das Radio macht Krach. Die Eheleute reden miteinander am Küchentisch. Sensationell! Etwas Wichtiges? Ich lasse sie auf alle Fälle ungestört, verschiebe mein Mittagessen auf später und genieße vorweg erst mal eine saftige Birne, während ich John Hiatt lausche.

Diese Menschen sind nicht gerade das, was man gut erzogen nennen könnte. Als ich mich schließlich aus meinem Kabuff durchs Wohnzimmer in die Küche zum Essen begebe, treffe ich eine Frau, etwa im Alter von Samira, die mich nicht beachtet und erst nachdem ich zweimal *Guten Tag* sage, flüchtig mit einem Kopfnicken reagiert. Das war's! Niemand stellte uns einander vor, später verschwand sie grußlos, als ob ich gar nicht vorhanden gewesen wäre. Das ist kein *„Leben in der Familie"*, wie es die Sprachschule anpreist. Nein, ich spiele hier die Rolle einer Melkkuh, die ohne viel Futter und Pflege möglichst viel Milch bringen soll!

In zwei Wochen werden wir wohl kaum als Freunde fürs Leben voneinander scheiden.

Mein Mp3-Player tröstet mich mit meiner eigenen Version von Leonard Cohens *„First We Take Manhattan"*.

Ich sah mir im Cineplex Yelmo (Centro Comercial Meridiano) den Film *„Secretos Compartidos"* (Geteilte Geheimnisse, Prime, 2005) von Ben Younger an, mit Meryl Streep in der Rolle der Therapeutin der 37-jährigen Geliebten ihres 23-jährigen Sohnes. Uma Thurmann, nett anzuschauen, spielt ihre Patientin, die „reife" Geliebte. Nicht das Format von *„Reifeprüfung"*[4], nur eine entschärfte, romantisch weichgespülte, zuweilen aber lustige Geschichte, die niemandem wehtut. Amüsant wird es, wenn die ahnungslose Geliebte enthusiastisch der Mutter die erotischen Qualitäten des „Liebhabersohnes" anpreist, sein Penis sei köstlich!

Außer mir lachte im Kino aber niemand. Auch nicht bei dem wunderbaren Gag der Großmutter mit der Bratpfanne. Sobald ihr Enkel eine dumme Frage stellt, wird die Großmutter kurz eingeblendet, die sich (als Antwort!) vier Mal die Bratpfanne mit voller Wucht gegen den Kopf haut.

Mein Abendessen, in Abwesenheit der Eltern von Freda serviert: Pasta.

Die fremde, unfreundliche Frau von heute Mittag hängt hier seit 7:00 Uhr 'rum, sieht mit Freda fern. Ist sie ein Wachhund, der aufpassen soll, dass sich der *„viejo verde"* nicht am Töchterchen vergreift?

Ich kämpfe mit mir, ob ich nicht doch noch um 21:30 Uhr ins Cine Victor soll, um mir die englische Originalversion mit spanischen Untertiteln von *„Dentro De Garganta Profunda"* (Inside Deep Throat) reinzuziehen? Und danach zum karibischen Trio ins La Gramola? Oder lieber gemütlich ins Bett kuscheln und lesen?

---

[4] *The Graduate*, Mike Nichols, USA 1967; mit Dustin Hoffman als Benjamin Braddock, Anne Bancroft als Mrs. Robinson.

Ins La Gramola habe ich es gestern Abend nicht mehr geschafft, im Cine Victor war ich aber.

„Dentro De Garganta Profunda" (Inside Deep Throat, 2005), der jüngste Dokumentarfilm des amerikanischen Duos Fenton Bailey und Randy Barbato (*Party Monster*, 2003; *„Der geheime Führer, Diskussion seiner rätselhaften Sexualität"* erregte 2004 Aufsehen) beschäftigt sich mit der Entstehungsgeschichte, den Hauptpersonen (legendär Linda Lovelace, Harry Reems), dem gesellschaftlichen Umfeld, der sexuellen Revolution, der Rebellion gegen Zensur und staatliche Gängelei und der strafprozessualen Verfolgung des legendären amerikanischen Pornos von 1972 (Regisseur Gerard Damiano), inmitten der Nixon-Ära. Die Produktionskosten des Streifens beliefen sich auf 25 000 Dollar, 600 Millionen spielte er weltweit ein.

Der berühmte, zentrale Satz des Filmes: *„Señorita Lovelace, la razón por la que usted nunca ha tenido un orgasmo es porque tiene el clitoris situado en el fondo de su garganta!"* (Fräulein Lovelace der Grund, weshalb Sie noch nie einen Orgasmus bekamen, ist der, dass Ihre Klitoris tief in Ihrem Hals steckt!) sagt alles, umreißt Idee und Inhalt des „Werkes". Ach ja, Dennis Hopper erzählt, und auch andere Berühmtheiten wie Gore Vidal, Norman Mailer, Camille Paglia und John Waters kommen zu Wort.

Seit drei Wochen weiß ich, dass ich „Diabetes" habe. Ein hässliches Wort, das mich an die letzten Jahre meines Vaters, Kurt, mahnt, bevor er mutterseelenallein am Schreibtisch in seinem Institut an einem zweiten Herzinfarkt krepierte, einen Monat vor Vollendung des 63. Lebensjahres. Er war sein Leben lang gesund gewesen, trieb Sport (Bergsteigen, Segeln, Schwimmen, Fahrradfahren, Wandern, Skifahren), rauchte nicht, trank aber liebend gern Cognac, Wein, Champagner, mochte deftige, fette Speisen, aß viel Süßes. Ein Leckermaul! Klammheimlich haben ihn die Gefäßkrankheiten erwischt. Sein „Zucker" wurde etwa 1965 entdeckt. Da war er 59. Seine Frau Hermine, meine Mutter, spielte da schon mindestens vier Jahre lang die Scheinkranke, verbrachte jedes Jahr im Sommer 6 Wochen in einem vornehmen Sanatorium in Höchenschwand oder Freudenstadt. Sie war 1960, als sie 35 war, an Sarcoidose erkrankt, wurde aber in Höchenschwand vom

Spezialisten für diese Lungenkrankheit, Prof. Wurm, innerhalb eines halben Jahres geheilt, was sie vor uns geheim hielt, um 20 Jahre lang edle Sanatorien (ihre Zauberberge?) zu frequentieren. Als ehemalige Volksschülerin, Krankenschwester und Landpomeranze (1941 nach ihrer Heirat mit Kurt zur „Frau Professor" promoviert") genoss sie dieses Ambiente ebenso sehr wie ihren Umgang mit Ministerialräten und anderen hochgestellten Persönlichkeiten. Zufällig kam ich ihr auf die Schliche, weil ich 1982, im Alter von 45, ebenfalls an Sarcoidose erkrankte, von Professor Wurm behandelt wurde, ihn auf die Sarcoidose meiner Mutter ansprach und dann alles erfuhr.

In all den Jahren musste sich die Familie anhören, wie sehr Hermine unter ihrem *„Buck"* (damit meinte sie die Boecksche Krankheit, ein anderer Name für Sarcoidose) leide, sie werde eines Tages bestialisch ersticken. 1960, mit 13, dachte ich wegen ihrer etwas gekrümmten Wirbelsäule „Buck" bedeute „Buckel", die Krankheit drücke die Wirbelsäule immer weiter nach vorne, bis ihre Lunge innen zerquetscht würde und sie keine Luft mehr bekäme. Sie trank demonstrativ viel Mineralwasser mit Kohlensäure: *„Ich brauche Luft, Luft, Luft!"* Das klingt mir noch in den Ohren. Als ich sie 1986 schließlich zur Rede stellte, war sie wenig beeindruckt, sie sagte einfach nichts, klagte aber von diesem Zeitpunkt an nicht mehr über ihren „Buck", sondern ihr krankes Herz! Sie lebt und jammert heute noch, intrigant, rüstig, geradezu fit mit ihren über 90 Jahren. Na ja, Hermine bietet Stoff für einen ganzen Roman.

Ich liebe trotzdem meine Mutter, das zeigt sich schon daran, dass ich immer, wenn ich auf sie zu sprechen komme, abschweife!

Mit meinem ach so gesunden Vater ging es indessen verdammt schnell: Diabetes, erster Herzinfarkt, zweiter Herzinfarkt, Exitus, alles in knapp 3 ½ Jahren. Ein Trauma!

Es scheint so, als ob ich sämtliche Krankheiten meiner Eltern geerbt hätte: die Sarcoidose und Wirbelsäule meiner Mutter, Diabetes und Gefäßkrankheiten meines Vaters. Ich danke!

Wird mir die kurze Zeit meines Vaters und/oder das lange Leben meiner Mutter vergönnt sein? –

Ich gehe jetzt einkaufen, Wasservorräte, Obst und Käse für das Wochenende.

Ich habe neun Liter Mineralwasser (sin gas!) in sechs Plastikflaschen (€ 1,62), zwei Orangen (€ 1,15), zwei große, grüne Äpfel (€ 1,47) und Gouda (€ 3,23) im Dino-Supermarkt vor unserem Hochhaus mitgenommen. An der Kasse stellte sich heraus, dass an meiner Apfeltüte der Preis fehlte. Ich hatte vergessen, sie wiegen zu lassen (dafür gibt es spezielles Personal). Ein junger Mann, hinter mir in der Schlange stehend, erbot sich, leicht errötend, das für mich zu erledigen und rannte los. Zehn oder elf Kunden warteten mit mir geduldig auf seine Wiederkehr, keiner murrte, manch einer lächelte sogar! Ich bedankte mich dreimal herzlich.

Nachdem ich daheim alles verstaut hatte, ging ich gleich wieder raus, um mich auf einer der Bänke vor den *„Verdes"* (Residencia Los Principes) auf der *Plaza Los Sabandeñas* zu sonnen. Ich beobachtete dort die Passanten, schlafende Stadtstreicher, Fußball spielende Kinder und las stundenlang halblaut in der Bibel. Plötzlich umkreisten mich Dutzende von Tauben, um mich herumscharwenzelnd, mich aufmerksam beäugend. Vielleicht hielten die Ratten der Lüfte (traditionelle Friedensbringer, Erscheinungsformen des Heiligen Geistes) mich für einen Nachfahren des heiligen Franziskus oder haben von Natur aus eine besondere Schwäche für Gottes Wort?

Mein Mittagsmahl (1 Brot mit Schinken, Käse und grünen Oliven) habe ich verzehrt. Das Wetter ist schön. Noch einmal hinaus!

Leider war die Sonne gleich weg und ein frischer Wind kam auf. Dann doch lieber ein kleines Schläfchen.

„Gooooooooooooolllllllllllllllllllllllllllllllllllllllll", um 17:57 Uhr wurde ich durch solch markerschütterndes Geschrei im nahen Fußballstadion und auf der Plaza Los Sabandeñas, wo viele Aficionados in den Bars und Restaurants die Partien voller Emotionen verfolgen, geweckt. Jetzt eine ausgiebig heiße Dusche. Köstlich!

Die lateinamerikanische Bibel macht mir viel Spaß. Sogar ihre einfach klaren, gut verständlichen Einleitungstexte *„Antes de la Biblia"* (Vor der Bibel), *„Despúes de la Biblia"* (Nach der Bibel), *„Una Biblia Ecuménica y Católica"* (Eine ökumenische und katholische Bibel), *„El*

Misterio de la Trinidad" (Das Geheimnis der Dreieinigkeit) und *„La Salvación de los No-Cristianos"* (Die Rettung der Nichtchristen) besitzen Niveau.

Mein Sohn, Konrad, wird morgen 27 Jahre alt. Wenn möglich, möchte ich ihn um Mitternacht von einem Locutorio aus anrufen, um ihm zu gratulieren!

Zum Abendessen gab es eine Kartoffelsuppe. Ich habe mir zusätzlich eine Birne spendiert.

Konrads Geburtstag lag mir sehr am Herzen. Damit ich es schaffen würde bis Mitternacht aufzubleiben, ging ich zunächst ins *„Renoir"* in *„Una Rosa de Francia"* (Eine Rose aus Frankreich), eine spanisch-kubanische Koproduktion, geleitet von dem aus Torrelavega (Cantabria) stammenden Filmemacher Manuel Gutiérrez Aragón (El rey del río, 1994; Visionarios, 2001; El caballero Don Quijote, 2002; La vida que te espera, 2003). Wunderbar fotografiert, handverlesene „Locations".
Die fiktive Geschichte spielt in Kuba. Simón, der ebenso verführerische wie kriminelle Protagonist (glänzend dargestellt von dem beeindruckenden Jorge Perugorría), „schleppt" mit seinem abgewrackten Seelenverkäufer (es fällt einem dazu *„African Queen"* mit Humphrey Bogart ein) Emigranten/Immigranten von Havanna nach den USA (Ziel New York), immer wieder verfolgt und beschossen von der amerikanischen Küstenwache. Gleichgültig und sarkastisch setzt er die Verzweifelten auf einem Inselchen ab und überlässt sie ihrem Schicksal. Auf der Flucht vor dem schwer bewaffneten amerikanischen Patrouillenboot rettet der junge Matrose, Andrés (Álex González), sein Leben, wird aber selbst angeschossen. Simón bringt den verwundeten Andrés zur Pflege in die schönste, in einem herrlichen Park gelegene Villa, das edelste Bordell, welches man sich vorstellen kann. Dort regiert die vor vielen Jahren in Havanna gestrandete Madame (Broselianda Hernández), eine französische Luxuskurtisane, die eine Affäre mit Simón hat, den Haushalt mit ihren Töchtern und Nichten, samt und sonders handverlesene blutjunge Schönheiten, vielen Dienstmädchen, einem Butler, Putzfrauen, Schneidern, Wä-

scherinnen. Die Einrichtung ist vom Feinsten. Diniert wird im Salon bei französischer Konversation (sehr drollig dieser intensive kubanische Akzent). Die Mädchen werden gehütet, gepflegt, schön gemacht, ausstaffiert und in allen erotischen Künsten angeleitet („Geisha-Variante“?). Finanziert wird das Bordell von sehr alten, reichen Männern, die zu regelmäßigen, orbitanten Festivitäten in Luxuskarossen vorfahren, um sich mit den bereits vollständig ausgebildeten Mädchen zu vergnügen. Mit scharfen Augen, missgünstig und eifersüchtig beobachten die alten Lebemänner, wie sehr alle Damen von dem attraktiven, jungen Patienten angetan sind. Die erst 17-jährige, kapriziöse Marie (Ana de Armas), die Schönste von allen, Augapfel Simóns, und Andrés verlieben sich ineinander. Sie wollen zusammen nach New York. Das will Simón um jeden Preis verhindern. Am Ende ist das junge Liebespaar auf seinem Weg ins gelobte Land, während Simóns Seelenverkäufer von den Amerikanern versenkt wird.

Im Cybercafé und Locutorio in der Santiago Cuadrado, Ecke Calvo Sotelo schrieb ich eine Stunde lang an meiner Glückwunsch-Mail und sandte diese Konrad pünktlich um 0:00 Uhr deutscher Zeit. Telefonisch konnte ich ihn nicht erreichen. Es war immer besetzt. Schade! Ich schaute noch kurz im La Gramola vorbei. Entgegen der Ankündigung war kein Humorist Juanito Panchin dort am Werke.

Als ich heimkam lagen José, Samira und die mir fremde Frau von Freitag (sie wurde mir noch immer nicht vorgestellt) unter mehreren Decken zusammengekuschelt vor dem Fernseher.
Die Fremde blieb über Nacht, schlief auf der Wohnzimmercouch. Sie war schon am späten Nachmittag mit ihrer Tochter (eine Freundin von Freda, ihre Cousine?) aufgetaucht. Und obwohl am Sonntag morgen alle pennen, wurde mir mein (erbärmliches) Frühstück um 8:30 Uhr serviert. Ohne Wasser? Ich sah nach dem 5 Liter- Kanister? Aha, fast leer! Ich konnte es mir nicht verkneifen davon 3 Gläser zu trinken. Wie unverschämt!

Ich versuchte dem grauen Wetter des Nordens zu entfliehen, nahm eine *„guagua“* (Bus) in den Süden zur *Playa de Las Americas* und

Los Cristianos. Auf einem gewaltigen, nahezu verlassenen Küstenareal, auf dem nur einige Bananenplantagen kultiviert wurden, stampften die ausländischen Investoren Straßen, Alleen, Promenaden, Restaurants, Bars, Boutiquen, Läden, Supermärkte und ein Hotel am anderen aus dem vulkanischen Boden. Neben eintönig wirkenden Bauten, die sich die Hänge hinaufziehen, gibt es aber durchaus architektonisch interessante Bauten, vor allem im Ortsteil *„Costa Adeje"*. Entlang der gesamten Küste von *Los Cristianos* bis *La Caleta* wurden Sandstrände aufgeschüttet und durch Wellenbrecher abgesichert, sodass problemloses Baden auch für Kinder überall möglich ist. Hauptattraktion ist neben dem Strand die kilometerlange Fußgängerpromenade von Los Cristianos über *Fañabé* bis *Bahia del Duque* und weiter, u. a. mit den übelbeleumdeten Diskotheken von *Las Verónicas* („Ballermann" lässt grüßen!).
Mit einem am Seil angebundenen Ballon kann man in Las Américas übrigens auch über einhundert Meter aufsteigen und sich die Chose von oben betrachten.

Los Cristianos bietet in allem Trubel akzeptable Kneipen: das *Casa del mar* (Esplanada del Muelle), welches für seine Fischgerichte und Meeresfrüchte Preise erhielt, die *Pizzeria Madonna* (Edificio Cristianos I, Avenida de los Cristianos), *El Bote* (Calle Dulce Maria Loynaz) oder das unauffällig in der Juan Boriajo, 8 gelegene immer volle *El Cine* mit frischem Fisch und Tapas.

Auf keinen Fall versäumen sollte man den *Parque Ecológico – Las Aguilas del Teide* (außerhalb an der Straße nach Arona gelegen, mit Gratisbussen von Los Cristianos und Las Américas aus zu erreichen), der mindestens ebenso interessant ist wie der *Loro Parque* im Orotava-Tal bei *Puerto de la Cruz*. 75 000 Quadratmeter Parkgelände, 1994 errichtet, Palmen, Pflanzenozean, Kängurus, Krokodile, Flamingos, Flusspferde, Pinguine, Primaten und vor allem Raubvögel unter freiem Himmel, Kondore, die mit drei Meter Flügelspannweite zwischen Arona und Los Cristianos ihre Kreise ziehen. Nach Berichten der Tagespresse plant der Schauspieler und Geschäftsmann Gerard Depardieu auf dem Gebiet von Arona, in nächster Nachbarschaft zu *„Las Aguilas"*, einen weiteren 12 000 Quadratmeter großen Themenpark.

Und nicht verpassen darf man die Bootsfahrt zu den Walen (deren Saison erst später im Jahr stattfindet) und/oder Delphinen, die sich im Meer zwischen Teneriffa und La Gomera tummeln.

Ich hatte Pech, das Wetter war hier auch nicht anders als in Santa Cruz. Nach zwei Stunden Aufenthalt hatte ich genug und fuhr zurück.

Die jungen Mädchen daheim frisieren sich viel, schminken sich, werden stundenlang hergerichtet. Eine Alternative zum ewigen Fernsehen?!

Konrad rief ich gegen 18:00 Uhr an und erreichte ihn auf dem Handy in München. Ich gratulierte ihm innig. Das Gespräch verlief aber seltsam zäh. Ich musste ihm eine Frage nach der anderen stellen, seine einsilbigen Antworten wie Würmer aus der Nase ziehen. Konrad ist erwachsen und wird mir zunehmend fremder. Ich kann nicht einschätzen, inwieweit das eine normale, natürliche Entwicklung ist, die ich akzeptieren muss? Vielleicht hätte ich ihm sagen sollen, dass ich ihn sehr liebe, so wie er ist.
Von meinem MP3-Player klingt ergreifend die geniale Interpretation der hochbetagten Mexikanerin Chavela Vargas von *„La Llorona"* , dem Tränenlied schlechthin, das passt gut zu meinen trüben Gedanken.

Gestern Abend besuchte ich noch die 9-Uhr-Vorstellung von *Crash* (Paul Haggis, 2004).
Gut inszenierter, bemerkenswerter Film. Ein Reigen vieler gut- und böswilliger Personen unterschiedlichster Rassen in Los Angeles, die unerwartet positive wie negative Erfahrungen machen, deren Schicksalsfäden sich kreuzen, die miteinander wegen ihrer Missverständnisse, Fehleinschätzungen und Vorurteile tragisch kollidieren.

Nach der Schule speiste ich im klitzekleinen *Café del Círculo*, umzingelt von unzähligen Schwarzweißfotos intellektueller kanarischer

Berühmtheiten, Linsensuppe, Albondigas mit Hirse und ein wenig Paprika. In natura ließ sich außer mir kein Künstler, Bohemien oder Schöngeist blicken. Es schmeckte, war aber relativ teuer: 10 €. Ein komplettes Menü mit Nachtisch kostet hier in der Regel nur € 6. Das *Mesón Castellano* in der Callao de Lima, unterhalb der Plaza Weyler, ein altes Restaurant, brechend voll mit besser gestellten Einheimischen, scheint mir attraktiver zu sein. Dort will ich einmal essen!

Daheim alles wie gehabt, gesamte Familienmannschaft vor dem Fernseher. Die Sonne scheint, 22 Grad Celsius. Ab ins Freie!

Neuer Fernsehrekord der Familie; 18 Stunden ohne Pause sind bestimmt nicht gesund.

Meine Wenigkeit verfiel der Bilderwelt 90 Minuten lang. Ich sah im Renoir die spanische Version des neuen, britisch produzierten Films des Brasilianers Fernando Meirelles (*Cidade de Deus*, 2002) *„El Jardinero Fiel"* (The Constant Gardener, 2005; nach dem Roman von John Le Carré, 2000). Die Liebesgeschichte zwischen Justin Quayle, einem passiven, kontemplativen, britischen Diplomaten, dessen ganze Leidenschaft seiner Gärtnerei gilt, und seiner viel jüngeren Frau Tessa, einer energischen Aktivistin und Parteigängerin der Opfer, der armen, gebeutelten, benützten, ums Leben gebrachten, afrikanischen Kinder, unentwegt kämpfend gegen finstere Machenschaften der pharmazeutischen Industrie in Afrika, im Norden Kenias. Tessa, später auch Justin, der nach ihrem Tode die Recherchen fortsetzt, nach London und Berlin reist, werden im Auftrag des Pharmakonzerns ermordet. Eine korrupte britische Diplomatie ist in den Skandal, der am Ende doch noch aufgedeckt wird, verwickelt. Glänzend photographiert, sensationelle Bilder aus Afrika.

Brigitte schrieb mir, in Deutschland sei es so kalt und ungemütlich, dass sie nach passenden, günstigen Flügen Ausschau halte, um bald nach Teneriffa zurückzukehren. Das würde mich freuen. Gestern Nacht hatte es um 23:00 Uhr noch 20 Grad Celsius. Kein Wunder, wenn es Brigitte dann weg aus dem frostigen Deutschland auf die sonnige Insel treibt!

In der Schule ist Gertrud, eine sympathische, ältere, verwitwete Dame, Mitte Sechzig, aus Baden-Baden angereist, 35 Jahre lang verheiratet bis zum Tod ihres Mannes. Sie machte eher negative Erfahrungen mit ihrer „Familie“ hier. Unser ominöser Mario hat auch sie erwischt.

Ganz begeistert bin ich von einer anderen Schülerin, um die 50 Jahre alt, aus Berlin, Försterin in der Forstverwaltung von Brandenburg. Klug, witzig, herzlich, unkonventionell, immer den Schalk im Nacken, attraktiv. Peinlicherweise habe ich mir ihren Namen nicht merken können. Da muss ich unaufmerksamer Vogel mich jetzt irgendwie herauslavieren. Sie lebt mit ihrem langjährigen Lebensgefährten, Bernd, einem netten, sehr gut aussehenden Mathematikprofessor in den 50igern in einer Mietwohnung mit herrlichem Panoramablick in Bajamar. Gestern hat sie mich mitgenommen, mir Bernd vorgestellt, die Wohnung gezeigt, mich zum Mittagessen eingeladen. Danach gingen die beiden im Meerwasserschwimmbecken baden. Ich schaute ihnen ein wenig zu, ging spazieren und verabschiedete mich dann gegen 17:00 Uhr, um den Bus zurück nach Santa Cruz zu erwischen.
Als sie aus dem Wasser kam, war sie ein bisschen genant, hielt sich gut in ihr Handtuch verhüllt. Dabei hatte ich doch längst erspäht, dass sie sich ihrer Figur nicht im Geringsten zu schämen braucht. Das rührte mich, zumal ich mir darüber im Klaren war, dass es mir umgekehrt genauso ergangen wäre!
Schade, dass sie die nächsten zehn Tage die Schule nicht besuchen wird, weil ihr Vater kommt, um den sie sich dann kümmern muss. Zeit genug, um ihren Namen herauszufinden, unauffällig Gertrud fragen!

Abends war ich noch im Renoir in *„Todo está iluminado“* (Everything is Illuminated, 2005; nach dem gleichnamigen Roman von Jonathan Safran Foer), der ersten Regiearbeit des amerikanischen Schauspielers Liev Schreiber. Der Jude Jonathan (Elijah Wood, Frodo in Peter Jacksons Herr der Ringe) sammelt von klein auf seltsame, absurde Dinge. Als ihm seine Großmutter ein uraltes, geheimnisvolles Foto schenkt, auf dem sein Großvater in der Ukraine mit einer unbekannten Schönen, Augustine, abgebildet ist, begibt er sich auf die Suche nach der Unbekannten, reist nach Russland (gedreht wurde in Prag und Umgebung), trifft dort im entsprechenden Outfit Alex (Eugene Hutz), amerikanische Kultur verehrend, Breakdance und HipHop, dessen bizarren Großvater (Boris Leskin) sowie einen verrückten Hund (der sehen kann, sich aber blind wähnt; umgekehrtes *„Anton'sches Phänomen"*). Die freakige Suche mit einem altertümlichen, blauen Auto steuert zum Holocaust und zur überraschenden Entdeckung der verknüpften Schicksale. Alex konstatiert gegen Ende des Films, wir seien immerfort von Vergangenheit umgeben, geradezu erleuchtet, dass alles, was wir erlebten, bei uns und mit uns bliebe.

Die Familie war heute morgen ohne Fernseher früh zu Gange, alle sind längst verschwunden. Ich aß ein ungesundes getoastetes Weißbrot mit Käse und Schinken.

Ich wurde etwas nass. Bei 18 Grad Celsius gießt es in Strömen. Durch den Barranco flutet schmutzig braunes, von den Bergen herabfließendes Wasser.

Überall sind Baustellen in Santa Cruz: Straßenbahnlinie von Santa Cruz nach La Laguna, Uferpromenade entlang dem Barranco, neue Gebäude.

Als ich um 14:00 Uhr von der Schule nach Hause kam, war alles wie gehabt, das Ehepaar vor dem Fernseher. Allein am kleinen Küchentisch nahm ich geruhsam mein schmales Mittagsmahl ein.

Im *Circulo de Bellas Artes* findet bis 10. Februar ein Videoforum mit südamerikanischen Filmen statt. Das muss ich mir ansehen! Oder doch zuerst *„Munich"* im Cineplex Yelmo?

Ach ja, die brandenburgische Försterin heißt Gabi.

Bei dem Dauerregen entschied ich mich wegen des kürzeren Weges für *„Munich"* (München). Beileibe kein Meisterwerk Spielbergs (es ist mir unbegreiflich, wie „Time" zu einer solchen Einschätzung kommen kann?). Der Thriller mit Überlänge und Langeweile hervorrufenden thematischen Längen schildert den Rachefeldzug israelischer Geheimagenten gegen elf angebliche (Beweise werden nicht vorgelegt) arabische Drahtzieher des Terroranschlags auf die israelische Mannschaft während der Olympischen Spiele 1972, die gejagt und umgebracht werden. Dabei sind die Killer ergreifend bedacht, dass Kolateralschäden im Umfeld der Opfer vermieden werden, dass es ja keine Kinder und Frauen oder unbeteiligte Dritte trifft. Glaubhaft?

Das Unwetter nimmt kein Ende. Der ganze Himmel grauschwarz eingefärbt. Es schüttet. Dazu bläst ein kräftiger kalter Wind.
Zum Glück nahm ich meinen Knirps ins Kino mit. So gelang es mir, nicht allzu nass nach Hause zu kommen.

Meine Fassung von *„Dark End Of The Street"* betäubt mich. Ich verzehre meine letzte Apfelsine und Einsamkeit flutet in meine grüne Höhle.

Schmackhaftes Abendessen mit feiner Suppe, Gemüse, Calamares.

Freda hat sich erkältet. Ihr Hustenanfall heute nacht um 3:45 Uhr löste einen Familienauflauf aus, ihre Eltern waren herzbewegend besorgt. Vierzig Minuten lange Beratung, Diskussion, Tränen, Tröstungen. Und auch heute morgen monströse Unruhe, weil Freda sich wegen ihrer triefenden Nase, all dem Rotz und Husten in der Schule genieren werde. Kluge Ratschläge, wie sie damit umgehen soll.

Gerald De Palmas (Sur la route) ist wieder auf der Straße, *„toute la sainte journée"* (den ganzen heiligen Tag) dröhnt aus meinem Player, infiltriert mein heißes Blut, unmöglich, dabei regungslos zu bleiben, ich gerate in rhythmische Bewegung. Beethoven-Bagatellen kühlen mich ab, stellen mich ruhiger.

Nur noch neun Tage bis Madrid und danach Freiburg? Blutzucker: 160. Keine Ahnung, warum es immer wieder in diesen Tagen nach oben ausreißende Messwerte gibt?

Klavier-Partita Nr. 3 vom kolossalen Johann Sebastian. Es stimmt, er müsste „Meer" heißen. Bach ist der Größte!

Gertrud musste heute erklären, dass sie Religionslehrerin gewesen sei (war ihr irgendwie peinlich!). Sie besitzt ebenfalls eine spanische Bibel. Ich konnte nicht anders, dagegen war ich machtlos, ich musste sie nach dem Alter von Methusalem fragen!

Achtzehn Liter Mineralwasser habe ich schon eingekauft, fünfzehn Liter getrunken. Ich werde weitere neun Liter besorgen. Denn kein Tropfen Wasser fließt aus den Leitungen!

Wasser ist auf der Insel ein kostbares und teures Gut. Nicht nur nach langen Trockenzeiten merken Landwirte und Gastronomen, dass Wasser in den Bergen mühsam gefördert werden muss. Mit 1047 Galerias (Felsstollen, Gesamtlänge 1600 km) werden 5160 Liter Wasser in der Sekunde gewonnen. Im Durchschnitt benötigt ein Einwohner Teneriffas 247 Liter am Tag. Der Grundwasserspiegel sinkt kontinuierlich. Es wird allzeit schwieriger durch Anbohren der Bergstöcke zusätzliches Wasser zu beschaffen. Meerentsalzungsanlagen sind in Planung.

Inzwischen hat es 26 Grad Celsius. Die Sonne wärmt. Essen und danach nichts wie hinaus im kurzärmeligen Hemd!

Amerikanische Kulturhelden. Nach Ray Charles wurde jetzt auch Johnny Cash filmisch glorifiziert.

„En La Cuerda Floja“ (Walk The Line, 2005) von James Mangold, mit Joaquin Phoenix und Reese Witherspoon anzusehen, lohnte sich nicht; zwei Stunden und sechzehn Minuten vergeudete Zeit im „Renoir“. Johnny Cashs Leben als Schmonzette, ein hysterisches Tränenspektakel. Seine Songs (mit einigen Ausnahmen, was die Texte betrifft) abgegriffen, verbraucht, werden – wie peinlich – von der originalen Filmmusik von T Bone Burnett in den Schatten gestellt. Tablettenmissbrauch, eine kleine Verhaftung, Liebesleid von und mit June Carter reißen es auch nicht raus. Beste Szene sein „legendärer“ Auftritt im Gefängnis von Folsom.

Dagegen entpuppte sich die Veranstaltung *„Video Latino“* im Circulo de Bellas Artes (gratis!) als überaus reizvoll. Als ich ankam, räkelte sich allerorten im Vorführungssaal, ganz oben im „Bellas Artes“-Gebäude, mit noch vielen freien Plätzen, soweit man sehen konnte, ein sympathisches Publikum in wunderbar weichen, bequemen Fauteuils. Auch ich fand einen himmlischen Sessel und war glücklich. Ein bitter satirischer Beitrag behandelte die Geschichte Mexikos und seiner Beziehungen zu Eroberern, Kolonisten, Nordamerikanern, Gringos, Emigranten, Immigranten mit Montagen und Filmzitaten überaus geistreich und witzig. Das hierzu passende Idiom des Erzählers, ein zauberhaftes amerikanisch-mexikanisches Mischmasch-Kauderwelsch, war mit Hilfe der spanischen Untertitel genüsslich nachzuvollziehen. Informativ und erregend auch das dokumentarische Video über Leben, Arbeit und Organisation der *„Cartoneros“*, der Armen der argentinischen Hauptstadt, die systematisch in den Straßen von Buenos Aires die Müllsäcke nach verwertbaren Dingen durchpflügen.

Danach war ich hundemüde und schaffte es nicht mehr nach La Laguna, ins *„búho“* (Uhu) oder *„el blues“*, *„ni hablar“*! Ich war froh, als ich endlich auf meine Lagerstatt im grünen Prophetenzimmer niedersinken konnte.

Die Sonne scheint, 27 Grad Celsius um 2:00 Uhr mittags.

Bei der Bohrung eines Tunnels während der Bauarbeiten im Barranco zersägte man ein Wasserrohr, die läppische Ursache des Wasserversiegens. Daheim fließt jetzt aber wieder Wasser und in großer Lautstärke läuft eine CD von Tom Jones.

José war sehr erstaunt, dass ich nicht schon morgen abreise. Er dachte, meine 5 Wochen seien vorbei. Ich lachte ihn aus und bemerkte, dass er sich deshalb mit der Zeit geirrt habe, weil ich eine solch große Last sei. *„Nein"*, meinte er, *„Du lebst auf der Strasse"*, weil ich alle Tage ausgehe!

Ich schaute mir das kanarische Parlament in der Calle Teobaldo Power an und erkundigte mich bei der Gelegenheit, ob ich einer Sitzung zusehen könne? Die Wächter verneinten, wurden dann unsicher und schickten mich zur Rezeption im Gebäude. Sicherheitskontrollen gab es keine. Ich hätte problemlos eine Bombe zünden können! Dort war man nicht begeistert, meinte aber schließlich, ich bräuchte eine Einladung. Wer mich denn einladen könne? „Fernando", war die Antwort, den solle ich anrufen. Vom 15. auf den 16. März wird die nächste Sitzung stattfinden.

Der *„Kannibale von Rothenburg"* ist ein extremes Beispiel, dass jegliche Privatsphäre auch Grenzen kennen muss!? Der Kannibale und sein Opfer trafen und verabredeten sich im Internet. Der Wunsch hinter den eigenen vier Wänden (ganz privat!) im Rahmen einer sexuellen Begegnung, den Partner zu verspeisen, um sich ihn einzuverleiben, traf auf das komplementäre (private?) Begehren gefressen und inkorporiert zu werden. Wer oder was hat diese perversen Lustphantasien bewirkt? Spielten Bücher und Filme mit dem Protagonisten Hannibal Lecter[5] eine Rolle? Wo sind die Schranken des von der Gesellschaft nicht mehr zu akzeptierenden, tolerierbaren Privaten, bei der Geschlechtsintegrität, der körperlichen Unversehrtheit, dem Leben? Worüber darf ein Mensch bei aller Liberalität autonom verfügen, was bleibt seiner willkürlichen Herrschaftsmacht entzogen?

[5] Fiktive Figur, Psychiater und sexuell kannibalistischer Serienmörder, in einer Romanreihe von Thomas Harris; „Das Schweigen der Lämmer" verfilmt von Jonathan Demme, 1991.

Die Einheimischen sind hilfsbereit. Auf dem Gehsteig, wenige Meter vor mir, stürzte eine ältere Dame und war sofort von drei Helfern umringt, die ihr aufhalfen, mit ihr redeten, sich kümmerten.

Das Wetter bleibt nur seiner raschen Sprunghaftigkeit treu. Die Sonne ist inzwischen fort, eine dicke, finstere Wolke schwebt über uns.

In der Zeitung steht, Kanarier zwischen 20 und 40 Jahren litten häufig an „*Hiperoxaluria Primaria*", einem genetischer Defekt, in der Leber situiert, Nieren zerstörend, so dass Dialysen und Transplantationen notwendig würden. Da greint man doch über ein bisschen Zucker nicht mehr!
Die kanarischen Inseln sollen dementsprechend Weltspitze sein hinsichtlich der Anzahl von Nierentransplantationen!

Im *Centro de Fotografía* (gegenüber dem Teatro Guimerá) besuchte ich eine, bis auf ein außerordentlich gut gemachtes Foto einer nackten Frau, langweilige Ausstellung.
Danach trommelte ich im Perkussionskurs wie wild auf dem Schlagzeug herum, mit dessen Grundprinzipien ich vertraut gemacht wurde. Die Koordination beider Hände mit einem Fuß ist nicht einfach.

Statt nochmals die mich anziehende Vorstellung *„Video Latino"* zu besuchen, ging ich mit anderen Schülern der *„escuela"* in die Taberna del Puerto essen. Das war Ehrensache, zumal es Nates letzter Abend war. Verspätet stieß Pablo mit einem Freund, Augustin, zu uns. Wie immer frotzelte ich ihn. Standhaft verweigerte ich mich aber dann Stefanies (27 Jahre alt) Aufforderungen noch mit nach La Laguna zu kommen, um Salsa zu tanzen. Am Montag werde ich ja hören, was da noch abging?!

Mein Plan, heute früh nach La Gomera zu fahren, fiel buchstäblich ins Wasser. Ich gab den Plan angesichts des schlechten Wetters auf. Stattdessen habe ich die Wäscherei in der Robayna ausprobiert mit beispiellosem Erfolg. Ich erhielt meine Wäsche (für 8 €) nicht nur sauber und trocken, sondern sogar akkurat zusammengelegt zurück. Da werde ich noch mehr Sachen hinbringen.

Orgullo y Prejuicio (Pride and Prejudice, 2005) nach dem gleichnamigen Roman von Jane Austen anzusehen, lohnte sich. Ein gut fotografierter, stimmiger Film, mit viel Atmosphäre, eindrucksvollen Landstrichen und Anwesen und hervorragenden Schauspielern (Keira Knightley, Matthew MacFadyen, Donald Sutherland) in zur historischen Zeit passenden Kostümen.

Die Familie hat Besuch. Josés Cousin, der bei meiner Ankunft vor vier Wochen hier war, brachte heute seine Frau und Kinder mit. Man unterhält sich angeregt und lacht viel. Was braucht man auch mehr als gute Gespräche und herzliche Lustigkeit?
Damit ich mein Abendmahl (Gemüse mit etwas Undefinierbarem) einnehmen konnte, räumten alle die Küche und richteten sich in der Loggia ein. Ich wollte die Verwandtschaftsidylle nicht stören und hatte keine zehn Minuten später zu Ende gespeist.

21:10 Uhr spazierte ich gestern noch zum Cine Víctor und sah mir die chinesische Originalversion (mit spanischen Untertiteln) von *„El Sabor de la Sandía“* (Der Geschmack der Wassermelone, Tian bian yi duo yun, The Wayward Cloud, 2005) des malaysischen Regisseurs Tsai Ming-Liang (Vive L'amour) an. Die taiwanesisch-französische Koproduktion wurde u. a. vom Berliner Filmfestival 2005 mit Preisen überhäuft. Feuchter Sex, erotische Fruchtkomödie, saftiges Lustspiel, Wasserporno mit Autisten? In einer trockenen Welt (es gibt fast nur Mineralwasser in Plastikflaschen) ist das Nass der eigentliche Protagonist! Frisches Fruchtfleisch von Melonen wird als Wassersurrogat angepriesen und verwendet. Gevögelt wird zuhauf, mechanisch, gefühlsfrei, abturnend, während ein Kamerateam die Szenen aus extremer Nähe aufnimmt. Der Sex kann nur mit Hilfe von Wasserbeträufelung durchgeführt und aufrechterhalten werden. Alles bricht zusammen, wenn die schäbige Berieselung versiegt. Viele intermittierende, komödiantisch satirische, konterkarierende Gesangseinlagen (im Stil von

„I'm Singing In The Rain"). Wenige, extrem lange, ruhige Kameraeinstellungen (nichts für Schnittgeflacker von MTV oder Viva gewohnte Zuschauer). Das Ganze dauerte lange, anstrengende 114 Minuten.

Das Victor war zum ersten Mal gut besucht und die Chicharreros (wie erstaunlich) lachten (an den falschen, sexualpraktischen Stellen!) oft und laut. Mir blieb angesichts einer zivilisierten Stadtwüste, dieser ausweglosen Vereinzelungshölle, der absurd existenziellen Vereinsamung menschlicher Pflanzen, die nach Befeuchtung gieren, des Abgestorbenseins menschlicher Kadaver ohne Gefühl, das Lachen im Halse stecken!

Um 23:45 kam ich heim, ging ins Bett und schlief sofort ein. Schon um 8.40 Uhr wurde ich durch massives Klopfen zum Frühstück (ein weißes Toastbrot mit Käse) geweckt. Ich aß und verschwand.
Die Sonne scheint, und die um diese Zeit einzige Attraktion des sonst schlummernden Santa Cruz, der sonntägliche Flohmarkt im *"Mercado de Nuestra Señora de África"* (Plaza del Mercado), zieht mich magisch an.

Der auf dem Flohmarkt feilgebotenen Ramsch scheint auch halb Santa Cruz anzulocken.
Hochbetrieb, Gedränge im und um den bunten, vielfältigen, arabisch anmutenden *„Mercado"*. Blumen, Gemüse, Obst, Fleisch, Käse, Plunder, Kram, Krempel, Trödel, alles was das Herz begehrt. Es wird deftig gegessen, literweise Bier getankt, lautstark diskutiert.

Das Barrio *„Los Llanos"*, unterhalb des Intercambiadors (neuer Name des Busbahnhofs) wird nun seit mehreren Jahren schon komplett neu angelegt. Bereits fertiggestellt ist das direkt am Meer gelegene, außerordentlich kühne, moderne *„Auditorio de Tenerife"* (Avda. Constitución, 1), eine architektonische Meisterleistung mit hervorragender Innenakustik. Hier und im *Teatro Guimerá* findet im Januar und Februar ein beachtenswertes (vorwiegend klassisches) Musikfestival statt mit berühmten Interpreten und Kapellen, u. a. dem vorzüglichen hauseigenen *„Orquesta Sinfónica de Tenerife"*, zu Preisen um die 70 Euro. Nicht wenige englische und deutsche Musikliebhaber kommen nur deswegen nach Santa Cruz und besuchen dann neun oder zehn Konzerte! Ausverkauft sind die Veranstaltungen trotzdem selten. Problemlos vermag man eine Eintrittskarte zu ergattern, falls man dreißig Minuten vor Konzertbeginn (meistens 20:30 oder 21:00 Uhr) die *„Taquilla"* (Ticket Office) erreicht.

Um den Konzertpalast legte man einen riesengroßen, repräsentativen Platz an mit Panoramablick aufs Meer, die alte Hafenbefestigung, das *„Castillo de San Juan"* und ein altes Pulverhaus. Ihm folgt, vor einem grünen Hügel mit Palmen aus aller Welt und Spazierwegen, der *„Parque Maritimo"* in der Art César Manriques[6] Landschaft, Kunst und physisches Wohlergehen vereinend.

Dort habe ich mein „Schokoladenplätzchen" in Santa Cruz gefunden. Trotz aller Monumentalität ein lauschiger Ort, etwas Wind um die Nase, Farbenspiel der Meereswellen, vielfältiges Pflanzengrün. Und falls Wetterkapricen eine Zuflucht erheischen, kann man auch bequem wind- und regengeschützt auf den Stufen unter dem Dach des Auditoriums verweilen.

Nicht weit von hier ist es (leider in unmittelbarer Nachbarschaft einer Schwefel, Gift und Gas ausspuckenden Erdölraffinerie) zum *„Recinto Ferial"*, einer mit freiliegenden konstruktiven Elementen flach geschwungenen Mehrzweckhalle (für 30 000 Besucher!), die zum Karneval 1996 eingeweiht wurde.

Den Sonntag wollte ich mit Strandleben ausklingen lassen und fuhr mit dem Bus (guagua 910) über San Andrés zur *Playa de las Teresitas*, dem schönen, künstlich aufgeschütteten Hausstrand der Chicharreros (heller, aus Fuerteventura und der Sahara stammender Sand!), sah den Strandjoggern zu und schwamm eine halbe Stunde.

Mole und Wellenbrecher des Fischerorts San Andrés schützen zugleich die Playa. Bläst freilich Wind, fliegt aufgewirbelter Sand lästig durch die Luft. Die Steine des Wellenbrecherdamms sind glitschig. Palmen werfen Schatten, Süßwasserduschen, Umkleidekabinen, Kioske. Bislang gibt es hier keine Hotelkästen, wenn auch Tourismusmanager frivole Augen auf die Idylle werfen. Eine Bürgerinitiative kämpft aber bislang erfolgreich für den offenen Strand.

---

[6] César Manrique, 1919-1992; Maler, Bildhauer und Umweltschützer, nachhaltige Architektonik vor allem in Lanzarote.

Hinter *„Las Teresitas"*, Richtung *Igueste de San Andrés*, liegt übrigens der Nacktbadestrand *„Playa de la Gaviotas"* (mit der guagua 245 erreichbar), naturbelassen, schwarzer Sand, Felsen, ungepflegt, gelegentlich schmutzig.

Zum Ausklang verspeiste ich im *„El Rubí"* (Dique, 19) in San Andrés köstliche Meeresfrüchte.

Die Lehrerin Iasa erzählte, dass sie ebenfalls *„El Sabor de la Sandía"* gesehen habe. Sie fand den Film lustig!

Nach der Schule wäre ich gerne nach *Taganana*, *Almáciga* und vor allem zur *Playa Benijo* gefahren. Eine wild romantische, einsame Felsenküste erwartet einen dort. Ich verpasste jedoch knapp meinen Bus (guaga 246) um 14:15 Uhr. Der nächste Bus wäre erst wieder um 17:05 Uhr gestartet. Das ist entschieden zu spät, zumal der letzte Bus von Almáciga schon um 20:25 zurückfährt. Es hat auch den Anschein, als ob man von Amáciga nach Benijo einige Kilometer laufen müsste.

Mutter und Tochter schlafen seit Stunden gemeinsam vor laufendem Fernseher. Meine spanische Lektüre von Stevensons Schatzinsel schreitet munter voran, die Hispaniola sticht in See.

Ich habe mir das *„Museo Municipal de Bellas Artes"* (Calle José Murphy, 12, direkt unterhalb dem *„Parque Principe de Asturias"* gelegen) mit einer Ausstellung von Werken der Künstlerin Miriam Ocariz angesehen. Interessante Kleidercollagen, Modeinstallationen und immer wieder Zeichnungen von flotten, frechen Mädchen im Teenagerlook, grenzüberschreitend zum Comic, eine Wanderung zwischen den Welten der „reinen" Malerei und Trivialzeichnung.
Wer will kann in diesem Museum unbehelligt und bedenkenlos fotografieren! Es stand dort nur ein ungefähr 1, 55 Meter breiter Museumswächter herum, der sein Geld weniger mit Aufpassen als mit bloßem Verweilen verdient.

In demselben Gebäude (Eingang um die Ecke, Calle Ruiz de Padrón) ist auch die Stadtbibliothek mit empfehlenswerten Lesesälen untergebracht, die ich eingehend inspizierte und schließlich einige Seiten einer spanischen Literaturgeschichte (über die *„Romance"*) las.

Auf meinem Weg vom Museum zur Bibliothek streifte ich das elegant elitäre (1904 begonnene, 1934 fertiggestellte) Domizil des kulturell ausgerichteten Privatclubs *„Circulo de Amistad XII de Enero"* mit Karyatiden und Drachen an der Fassade (innen Wandmalereien).

Als Mittagsmahl habe ich mir gleich zwei Scheiben Brot mit reichlich Schinken, Käse und grünen Oliven gegönnt.

Ich will jetzt die Barrios *Perú* und *Buenavista*, links und rechts von der *Avenida Venezuela*, erkunden. Der Weg dorthin ist einfach, bergauf, immer die *Avda. Benito Perez Armas* entlang, links am *Parque La Granja* vorbei, dann die *Avda. General Mola* überqueren und schon ist man da. Mit der Buslinie 906 könnte ich zurückfahren.

Auf meinem Weg zur *„Venezuela"* kam ich am Gefängnis vorbei, ein überraschend repräsentativer Bau.
Auch an der Kreuzung *Benito Perez Armas/General Mola/Avenida Venezuela* stehen ausnahmsweise schöne Villen. Bei so vielen hässlichen Häusern in Santa Cruz möchte man fast meinen, dass sich Freiburger Architekten und Bauherren mit ihrem miserablen Geschmack hierher verirrt haben könnten. Die beträchtlich zum Barrio Salud ansteigende Avenida Venezuela ist lebhaft, viele Geschäfte. Interessant mutet der links liegende *Parque La Indias* an, mit vielen Graffitis, auch am gleichnamigen ganz oben basierten Kiosk. Man merkt an einigen baufälligen Häusern und allgemeinen Verwahrlosungserscheinungen, dass hier partiell Problemzonen situiert sind. Das Viertel *Cuesta Piedra* ist besonders berüchtigt und soll gefährlich sein, nicht nur wegen der Drogen.
Zurück fuhr ich mit der Buslinie 907 zur Plaza Weyler und kaufte *„El Libro Infierno"* von Carlo Frabetti in der *„La Isla Libros"*, eine Emp-

fehlung von Carmen. Als ich im Tip-Top meinen Tee mit Milch trank, begann am Nebentisch eine Familie, die ohnehin überaus aggressiven Tauben, die auf die Tische fliegen, im MacDonalds gastieren, zu füttern. Ich verbat mir das, und der Familienvater meinte dann tatsächlich, die Tauben hätten auch ein Recht zu leben. Mit all dem Gift, den Krankheiten, fragte ich, klar, warum er nicht gleich auf den Tischen Kanalratten füttern wolle, oder Kakerlaken? Der gut spanisch sprechende, fette Mann, stellte sich schließlich als französischer Tourist heraus. Kein Renommee für die *„grande nation"*. – *„Au revoir. Bonne journée!"*, flötete ich ironisch der Familienmutter zu, deren Kopf konsterniert herumruckte. In der Lavanderia Robayna holte ich ein großes Wäschepaket ab und nahm mir ein Taxi nach Hause, weil es zu regen begann.

Spontan entschloss ich mich die 18:20 Uhr-Vorstellung von *Manuale D'Amore* (Giovanni Veronesi, 2005) im Cine Victor zu besuchen. Das schien mir das Richtige für Sankt Valentin. Ein Volltreffer!
Vier im Stile von *„Reigen"*[7] locker verknüpfte, überaus lustige Episoden, in und um Rom herum. *„Panta Rhei"* (Alles fließt). Die Liebe ein Zyklus. Nach dem Muster der Jahreszeiten, Frühlingsliebelei, sommerreife Herzenswärme, herbstliche Krisen und Verrat in bunten Farben und Verwelkem, winterlicher Liebestod, Erstarren, Absterben, Verlassen und Verlassenwerden.
Perioden von sieben Sekunden bis zu siebzig Jahren, je nachdem!
Sieben die magische Zahl einer Beziehung, fünf die von Sex. Vorbeiziehende begegnen sich, zufällig. Plötzlich das Wunder karger aber intensiver Augenblicke, eines Moments, der einen vollständigen Liebeszyklus in sich einzuschließen vermag. Und man erinnert sich sein Leben lang daran.

Matthias Reim wehklagt, stöhnt, schreit, jammert sich die Seele aus dem Leib: *„Verdammt ich lieb' Dich"*!

Liebe lässt sich nicht restlos erklären, entzieht sich der Ratio. Insofern wurde über sie schon alles und zugleich noch gar nichts gesagt. Und

[7] Bühnenstück (Uraufführung am 13. Oktober 1912; ca. 22 Verfilmungen) von Arthur Schnitzler, 1862-1931.

diese Phasen ihres Beginns und Endes, die kriegerischen, taktisch-strategischen, verräterischen Momente bildeten zu allen Zeiten einen glänzenden Stoff für Komödienschreiber, nicht nur für Shakespeare und Molière.

Zum verspäteten Abendessen gegen 9:00 Uhr bekam ich einen Reisteller mit Gemüse, den ich skrupellos aufaß.

Carlo Frabetti, ein Italiener, der in Spanien lebt, seine Bücher spanisch schreibt, ist von Hause aus Mathematiker. Er vermag Belletristik, Mengenlehre, Aussagenlogik, Zahlenspielereien faszinierend zu verbinden. Sein *„El Libro Infierno"* (Höllenbuch/Buchhölle) knüpft an Dantes *Divina Comedia* an, die Hölle ist eine Bibliothek, der Teufel Bibliothekar, der Sünder muss scheinbar unerfüllbare bibliothekarische Aufgaben lösen, was ihm aber mit dem Trick ihrer mathematischen Rückführung gelingt. Zählbares: mehrbändige literarische Werke, Einzelbände, Seiten, Wörter, Buchstaben, damit lässt sich rechnen! Sämtliche (z. T. mit antiken Mythen verknüpften) Probleme verflüchtigen sich im Nu. Sophistik? Bekanntlich hat Gott alles (die Welt) nach Maß und Zahl geschaffen. Juristisch ist ein nach Maß und/oder Zahl bestimmbares Ding eine v e r t r e t b a r e Sache! Frabettis bestechend einfacher Grundeinfall funktioniert daher und ließe sich universalisieren, z. Bsp. gleichermaßen auch in der Musik (Grundelemente Töne, statt Buchstaben) anwenden.
Ich entdecke soeben, dass der Autor in seinen *„Agradecimientos y advertencias"* im Anhang seines Buches (S. 153 ff.) die Rätsel erläutert, seine Quellen nennt. Das Lüften dieser „Geheimnisse" entzaubert freilich das Büchlein, nimmt der Hölle ihre Schrecken. Die Lektüre der letzten 10 Seiten genügt vielleicht?

In *„Anton"*[8] konzipierte ich vor 20 Jahren schon eine „serielle Literatur", die nach bestimmten Zahlenreihen das Wortmaterial, welches verwendet werden darf, aus den Lexika wählt bzw. ausschließt!

---

8 Joerg K. Sommermeyer, Vernimm mein Schreien, 3. durchgesehene, verbesserte und um einen Anhang erweiterte Auflage von Anton unbekannt, OrSyTa 72019, Berlin 2019.

Ah, Schubert, meine Lieblingsklaviersonate (Deutsch 960). Ambrosisch!

Es schmerzt mich, dass der *Parque Municipal Garcia Sanabria*, der gerade „renoviert" wird, noch auf unbestimmte Zeit geschlossen bleibt. Einem botanischen Garten ähnlich beherbergt er viele Pflanzen der Insel. Dazwischen eingestreut finden sich lauschige Plätzchen, Brunnen, eine Lauben- und Bambusallee sowie Skulpturen moderner Kunst.

Apropos, eine brillante Plastik des bedeutenden Bildhauers Henry Moore (1898-1986), ein niedergestürzter *„Krieger"*, steht unweit vom *„Sanabria"* auf der Rambla del General Franco, und in nächster Nähe des Parkes liegt auch das *„Mencey"*, repräsentativstes Luxushotel der Stadt mit Spielcasino. Prachtvolles Interieur!

Bis 1993 spielte der CD (Club Deportivo) Tenerife in der 1. Division der Spanischen Liga. 1993 nahm der Verein sogar am UEFA-Pokal teil. Zweimal brachte er (unter dem argentinischen Trainer Valdano) Real Madrid um die Meisterschaft. Danach warb Real Madrid den Chicharreros Valdano als Trainer ab. Eine Zeitlang noch prosperierte der CD Tenerife unter dem deutschen Trainer Heynckes. Nach dessen Entlassung folgte aber bald der Abstieg in die 2. Liga.

Gestern hat der CDT im eigenen, brechend vollen, ausverkauften Stadion Real Madrid erneut eins ausgewischt. Die Madrider hatten beim *„Copa del Rey"* hoch gegen Saragossa verloren und hätten gestern deshalb mit fünf Toren Differenz hier gewinnen müssen. Bereits nach 10 Minuten stand es 3:0 für Madrid. Endstand aber bloß: 4:0. Saragossa gewann also wegen des den Madridern fehlenden Tores den begehrten Pokal. Der „grandiose Sieg" wurde von den Chicharreros stürmisch gefeiert.

Der Film *„Escondido"* (Caché, Michael Haneke, 2005) mit den Schauspielern Daniel Auteuil und Juliette Binoche (im Cine Victor), den ich mir soeben außerdem noch gönnte, kreist um ein Leben lang gehütetes und verdrängtes Geheimnis (auch die Ehefrau weiß nichts davon!) eines erfolgreichen, gutsituierten Fernsehmoderators, der als Kind einem anderen, benachteiligten Jungen, ihn traumatisierend, Entsetzenerregendes antat. Seine böse Vergangenheit holt diesen „Helden“ erst spät ein, überfällt dann plötzlich unerwartet sein Leben (und das seiner Frau und seines pubertierenden Sohnes), schreit nach Offenbarung. Die Kraniche des Ibikus? Thriller, Psychodrama, sozialer Appell, Rachefeldzug? Als das gealterte Opfer den Täter in seine Wohnung bittet, nur zu dem Zweck, sich vor dessen Augen mit einem blitzschnell gezückten Messer, demonstrativ und abrupt die Kehle aufzuschlitzen, ist der Kulminationspunkt erreicht. Kann der Frevler das Geheimnis auch jetzt noch bewahren, seine einstige, so lange unterschwellig in Gegenwart und Zukunft fortwirkende Gräueltat weiter totschweigen und verbergen?

Zeit fürs Abendessen? Scheint zu meinem Leidwesen noch länger zu dauern!

Mein 33. Tag in Santa Cruz. Wie viele Filme habe ich mir hier angesehen? 12, 14, 17? Hypothetisch bleiben mir jedenfalls noch zwei, die ich ins Auge fassen könnte: *„Sin Control“* und *„Memorias de una Geisha“*. Ah, ich werde zum Frühstück „geklopft“. – „Ya voy!“.
33, die Zahl von Jesus? Im Angesicht des winzigen, von zwei neuen, majestätischen Kerzen eingerahmten Madonnenhausaltars in der Küchenecke, verzehre ich rasch ein Weißbrot, ein Spiegelei, trinke Tee und drei Glas Wasser.

Sehr viele Straßen wurden während der letzten hundert Jahre umbenannt. Die Tigerstraße („El Tigre“) z. Bsp. heißt jetzt Villalba Hervás. Die alten Namen stehen in kleiner Schrift unten auf den Straßenschildern. Die Straße des 18. Juli taufte man anlässlich des Todes von Papst Johannes Paul II. in Juan Pablo II. um. Den Chicharerros ist das egal, sie ignorieren ohnehin alle Namen.

Im Stadtplan fand ich, ganz in meiner Nähe, jenseits des *„Parque La Granja“*, in der Verlängerung der *Avenida de Madrid*, wenn man die

Avda. Belgica überquert, die *Muticines Oscar's* (Calle Luis de la Cruz), die ich bislang glatt übersehen hatte. Ich ging dorthin, und es stellte sich heraus, dass dieses Kino schon seit sieben Monaten geschlossen ist.

Gestern war einiges Schulvolk in der kanarischen Kneipe *„Refugio"* essen. 12 Euro pro Nase. Wir wurden glänzend bedient. Ein Exzess, Völlerei. Die Kneipe hatte Adriënne zusammen mit ihrem novio Oscar ausgesucht. Danach nach La Laguna, zu fünft, Benny, ein neu aufgetauchter Apotheker, dessen Namen ich nicht kenne, Stefanie, Anette und ich. Die Mädels sind nett, 27 Jahre alt, tanzwütig. Genau das Richtige für mich!? Jedenfalls war ich dagegen machtlos, mich geschmeichelt zu fühlen, dass ich noch Chancen beim Jungvolk hatte. In La Laguna tobt donnerstags der Bär, eine Vielzahl von Schuppen, Bars, Diskotheken. Mir gefiel es besonders im *„El Blues"* mit Livemusik auf offener Bühne. Abgefahren. Die Mädels wollten jedoch unbedingt Salsa tanzen. Väterlich, milde war ich entgegenkommend, mit allem einverstanden und tat mir so woanders fürchterliche Musik an. Überall unterwegs zahlreiches, attraktives Publikum. Zu schauen und zu bewundern gab es viel, inklusive seltsame tänzerische Verrenkungen. Bis fast 3:00 Uhr morgens dauerte das! Blutzucker um 7:15 Uhr („nüchtern"): 95.

Nach dem Frühstück um 7:40 Uhr bin ich wieder fit.

Mein letzter Schultag war voller Überraschungen. Per stellte sich als ein begabter Schauspieler heraus, der Rollenspiele sichtlich genoss. Frank wankte im Strudel von Liebeskomplikationen. Und Gabi erzählte wilde Geschichten „aus dem Walde" (Forstwirtschaft; u. a. hielt sie hier einen Vortrag vor Bürgermeistern und Verwaltungsfachleuten, dass EU-Richtlinien nicht eingehalten würden!).
Ich ließ den Nachmittag ausklingen, packte, machte bei strahlendem Sonnenschein einen Spaziergang zum Carrefour und kaufte Abschiedsgeschenke: eine riesige Pralinenschachtel und drei Once-Lose á 2 € für die Sonntagsziehung. Zu meinem Perkussionskurs um 19:00

Uhr schaffte ich es nicht. Und auch für die 21:30 Uhr-Vorstellung von *„What's cooking?"* (Gurinder Chadha, 2000) im Cine Victor war ich zu müde.

Soeben überreichte ich meine Geschenke den verblüfften Eheleuten. Samira und José waren augenfällig gerührt. Ein Foto, Abschiedsküsschen und Umarmungen.
Mein Flug vom Flughafen *„Los Rodeos"* nach Madrid (Barajas) geht um 13:15 Uhr. In 20 Minuten breche ich auf.

***

Ich bin wieder da! Nach nur 3 Wochen.
Und abermals hat sich alles geändert. Meine Umgebung ist eine andere. Dort, wo ich jetzt gelandet bin, erkenne ich mein Santa Cruz nicht wieder. Das Viertel Tristán, samt Nachbarschaft und Nahverkehrsverbindungen, werde ich gründlich erforschen müssen. Es scheint so, als ob ich weit ab vom Schuss aufgelaufen wäre?

Das Haus ist klasse. Riesenküche mit allem drin, zwei Bäder, Fitness- und Fernsehraum, große Wohnküche, Terrasse, Garten. Ein Dutzend junger Leute wimmelt herum, bin der Älteste. Klar die Alten werden normalerweise aus Kompatibilitätsgründen von hier ferngehalten, lieber bei Familien untergebracht. Mich kannte man schon und konnte daher einschätzen, ob das gut gehen würde.
Mein Zimmer gefällt mir. Zwar ist es karg, weiß gekalkte schmucklose Wände, besitzt aber ein noch grandioseres Fenster als meine frühere „pseudofamiliäre" Prophetenklause. Also, frische Luft, ein gefälliger Ausblick, ein Schrank, Ganzkörperspiegel, kleiner Schreibtisch, zwei Stühle, ordentliches Bett, viel Platz dazwischen. Was will man mehr? Ich jedenfalls habe alles, was ich brauche. Soweit bin ich sehr zufrieden. Einziger Nachteil, Transport und Verkehr. Es wird vielleicht schwierig, alles hier herauf zu schleppen. Und das wird viel sein: Toilettenpapier, Hektoliter Wasser, Tonnen von Obst, Lebens-

mittel aller Art. Außerdem muss ich Kleiderbügel und Handtücher kaufen. Es fehlt an all den Dingen des Alltags in einer solchen studentischen Wohngemeinschaft.

Es ist nicht so, dass nichts passiert wäre in den neunzehn Tagen, seitdem ich wieder da bin. Es ist viel geschehen! Es gäbe viel zu berichten. Allein die Schreiblust hat mich verlassen! Um wieder den „Schreibgriff" zu fassen, kürze ich daher ab, behandle die Dinge kursorisch, zähle auf.

Im Haus habe ich mich eingelebt, bereits fünfmal Wäsche gewaschen, einmal versucht zu bügeln, was nicht gut gelang. Das hätte ich gleich wissen sollen. Mit diesem dreckigen Bügelbrett und versifften Bügeleisen kann man saubere Wäsche glatt und wieder dreckig machen. Ich gab bei den ersten Schadensanzeichen daher auf.

Hier ist immer ziemlich viel Remmidemmi. Man muss sich etwas abseits halten, wenn man etwas Vernünftiges machen will.

Es ist mir gelungen, das städtische Schwimmbad zu besuchen. Ich schwamm 45 Minuten lang in einer für mich reservierten Bahn, bis mich ein forscher Mitschwimmer vertrieb. Die Hygiene in den Umkleidekabinen erforderte die Anschaffung von Badeschuhen, die dort auch jeder anhat. Außer am Sonntag hat das Bad jeden Tag auf, ist samstags allerdings stark frequentiert. Ich möchte montags bis freitags (am besten nach der Schule) jeweils ein Stündchen schwimmen. Das ist erschwinglich, ein Bono (Gutschein) für zwanzig Schwimmbadbesuche kostet 22 Euro.

Christina hat mich eine Woche lang hier besucht. Wir waren zuerst in einer miserablen Absteige, der Pension *Mova* in der Calle San Martín, danach aber im fabelhaften Hotel *Océanos* in der Castillo, mit einer wunderbaren Dachterrasse zum Frühstücken. Das war eine phänomenale, glückliche Woche. Klar, dass ich in den Tagen danach mit Traurigkeit am Rande einer Depression zu kämpfen hatte. Ich reagierte mit einem Kaufrausch im Carrefour (viele preiswerte Textilien!).

An Filmen sah ich *„Viento de Tierra"* (Vento di terra, Vincenzo Marra, 2004), *„The Hidden Blade"* (Samurai-Liebesgeschichte), *„Camarón"*

(Jaime Chávarri, 2005), *„Hostel“* (Eli Roth, 2005), *„Basic Instinct II“* mit einer phänomenalen Sharon Stone und *„Vive L'Amour“* (Tsai Ming-Liang, Taiwan 1994).

Im neorealistischen *„Viento de Tierra“* lebt der 18-jährige Enzo in Secondigliano, einem neapolitanischen Vorort, unter schwierigen Verhältnissen. Hoffnungslos. Sein Vater stirbt, schlimme Arbeit, Kriminalität, unaufhaltsamer sozialer Abstieg. Das Militär ist sein Ausweg. Als dieser fast schon zu funktionieren scheint, wird er nach einem Einsatz im Kosovo, infolge der Bestrahlung durch Uranmunition krank und stirbt.

Für die städtische Bibliothek, oberhalb des Parque La Granja habe ich jetzt einen Ausweis und habe mir heute Bücher, CDs und DVDs ausgeliehen.

Um 9:00 Uhr will ich in der Bibliothek sein, um 10:00 Uhr in der Schule. Meine Zeiteinteilung lässt zu wünschen über. Ich bin um 6:45 Uhr aufgestanden, und die Zeit reicht jetzt doch nicht um zu schreiben. Ab morgen werde ich ab 5:45 aktiv werden. Ein guter Vorsatz!

Ich esse regelmäßig viele Tomaten, 10-15 Stück am Tage, Käse, Oliven, Vollkornbrot, etwas gekochten Schinken. Einige Male ging ich in ein Restaurant speisen, meistens in die Taberna del Puerto, Fisch, Fleisch (Filet), papas arrugadas, mojo, Salat. Seit dem 14 Januar 2006 habe ich mindestens 10 Kilo abgenommen. Seit über drei Wochen benötige ich keine Tabletten mehr. Blutzucker: durchschnittlich 100!

Heute morgen bin ich um 5:30 Uhr aufgestanden. Alles ist herrlich ruhig im Haus. So kann ich wunderbar allein herumgeistern, Wäsche waschen, duschen, frühstücken. Und meine Zeit reicht sogar noch zum Schreiben, bis ich mich um 8:40 Uhr auf den Weg mache, zuerst zur Bibliothek, dann zur Rambla General Franco, um Mineralwasser und Obst einzukaufen, dann in eine am Weg liegende Bar, um heißen Tee mit Milch zu genießen, schließlich zur Schule.

Yöghan entpuppt sich immer mehr, er nervt, stinkt die Bude voll und hinterlässt goldgelbe Urintropfen auf der Klobrille. Damit hat er's bei mir jetzt endgültig verschissen! Der Typ ist eine Schande für die Türkei.

Bei dem Lehrer José, der die Schule verlässt, um für die spanische Entwicklungshilfe auf den Kapverden zu arbeiten, gab es heute ein Fest. Um 11:00 Uhr trafen wir uns in seinem Haus in La Laguna. Jeder brachte etwas zum Essen oder zum Trinken mit. Ein kanarischer Freund von José, Javier, spielte Gitarre und sang recht gut dazu. Von dem französischen Basken Javier wurden mir die Inseln *„El Hierro"* und *„La Palma"* empfohlen. Diese Tipps wurden von kanarischer Seite unterstützt, also beim nächsten längeren Aufenthalt auf den Kanaren nichts wie hin.

Von überall her dröhnt es aus Lautsprechern: „Musikverwirrung", Geräusche, in ihrer Totalität – Lärm!
Jeder macht für sich und gegen die anderen **s e i n e** Musik, per Knopfdruck allzeit-allseits verfügbar, verstärkbar, nicht selten eine Potenzdemonstration, Markieren des Reviers, akustisches Pinkeln, Hundemenschen.

Yöghan, meine arme *„Cabeza del Turco"* (Kopf des Türken = Sündenbock), der stinkende Brillenpinkler, fährt heute nach Gran Canaria, will sich vielleicht das Wochenende dort festsetzen. Verschnaufpause?

Das ist ja nicht zum Aushalten. Mit Eros Ramazotti und seinen gewaltigen Verstärkern gewinnt Pablo den auditiven Verschmutzungskrieg. Entnervt schalte ich ab. Zehn Sekunden später wird alles still. Dann läuft Pablo grinsend unter meinem Fenster vorbei. *„Buenos Dias. Que tal?"* – *„Gracias. Y tu?"* – *„Tambien!"* – Pablo steigt auf sein Motorrad und braust davon. Ich schalte Betty Carter ein. Ungestört, ohne jegliche Beeinträchtigung; *„All the Things You Are"*, seufzt und lispelt sie.

Lorenzo heißt hier die Sonne, der Mond Catalina. Hübsch. Lorenzo ging vor zwei Tagen und ließ sich gestern nicht blicken. Dicke, schwarze Wolken, Regen.
Guido bedeutet Veit. Meinen Freund Guido Lorenz kann man also mit Fug und Recht auch *„de Sunne Veit"* nennen.
Fehlt noch Joerg Sommermeyer auf spanisch: „Jorge Veranomayor", hübsches Pseudonym.

Ich besorgte mir eine WLAN-Card im Carrefour und ging mit meinem Laptop in die Schule. Es funktionierte, ich kam über Funk ins Internet. Fast 900 eMails hatten sich bei meinem regulären eMail-Account angesammelt. Ich lud sie alle in Nullkommanichts herunter. Meistens Spam, darunter aber eine lange Nachricht von Konrad.
Ich liebe ihn, aber er ist ein Strolch. Das war keine Antwort auf meine Geburtstagsmail vom 5. Februar. Klar, irgendwie muss ich als Vater versagt haben. Er ist auf dem falschen Weg. Das ist das Schlimmste, das macht mir Angst.

Welch ungeheure lange, erstaunliche Geschichte und Tradition kennt die theologisch-musikalische (oder vice versa!) Gattung der Messe! Passend zum Ostermontag höre ich die großartig erbauende und erhebende „Missa Bruxellensis" von Heinrich Ignaz Franz von Biber (um 1700), eine 1999 im Salzburger Dom mitgeschnittene Aufnahme der *„Cappella Real de Catalunya"* und dem *„Concert des Nations"* unter der Leitung von Jordi Savall. Kyrie, Gloria, Credo, Sanctus, Agnus Dei.

Die Rückreise über Madrid hat begonnen. Gestern habe ich eine in der Residenz eingetroffene neue Schülerin zur Schule gebracht und ihr so viel wie möglich erklärt. Das wäre eigentlich Adriennes Aufgabe gewesen. Die ließ sich aber nicht blicken. Ich habe mich dann in der Schule von den derzeit nur fünf Schülern, die von Iasa und Carmen unterrichtet werden, verabschiedet. Der Lehrer José, der ein Jahr in der Entwicklungshilfe arbeiten will, zieht von einer Inselwelt zur anderen. Er ist schon auf dem Weg zu den (portugiesischen) Kapverden. Der französisch angehauchte Senegal wäre ihm entschieden lieber gewesen.

Im November will ich wiederkommen. Ich habe einen großen, vollgestopften Koffer und einen Wäscheständer in der „Bodega“ von Pablos Haus zurückgelassen. Und jetzt reise ich dennoch mit mehr Gepäck als je zuvor. Air Europa machte ein wenig Schwierigkeiten, mein Laptop, der kleine Rucksack und eine Tasche seien zuviel. Es ging dann mit einigen Erklärungen doch. Ich habe aber Bammel, dass Easyjet noch Probleme machen könnte?

Drei Tage Madrid waren aufregend. Ich war zum siebten Mal hier. Die Stadt ist mir vertraut, wie die Begegnung mit einer alten Bekannten. Ich habe mich ans Bewährte gehalten bei meinen Rundgängen durch die Stadt, Chueca, Huertas, Lavapies, Plaza Mayor, Retiro Parque, Gran Via. Gewohnt habe ich mitten im Zentrum in einem kleinen Hostal an der Plaza Callao. Schönes Wetter, alle Tage. Eine rasche, preiswerte (ca. 14 Euro) Zugfahrt mit dem AVE nach Toledo in nur 35 Minuten scheiterte am Fahrkartenkauf. Vor den Schaltern eine Menschentraube. Es gibt zwar Verkaufsautomaten. Die funktionieren aber äußerst selten. Ansonsten muss man eine Nummer ziehen und warten bis man an die Reihe kommt. Das dauerte anderthalb Stunden. Dann bekam ich die Auskunft, der Zug sei ausverkauft, ich solle zwei Stunden später fahren. Pustekuchen, auf nach Aranjuez, zu meinem geliebten *„Jardin de la Isla“*. Balsam für meine Seele. Inmitten der herrlichen Parklandschaft picknickte ich in aller Gemütsruhe.

Im Madrider Airport Barajas gibt es tatsächlich ein Drahtlosnetzwerk. Aber sobald die Verbindung hergestellt ist, soll man zahlen und zwar üppig: für dreißig Minuten fünf Euro, für die Stunde Euro 7,50. Vorbei die Freude, nur eine herbe Enttäuschung, das lasse ich lieber bleiben!

Nach all dem Trubel freue ich mich aufs Heimkommen sehr.

***

Drei Monate Berlin, Nerja, Granada, Malaga, fast 6 Wochen Istanbul und einige Tage in der alten Heimat Freiburg liegen hinter mir.
Ich sitze wieder auf dem Baseler Flughafen und warte auf meinen Abflug nach Madrid um 16:40 Uhr. Draußen ist ein Flughafenfest im Gange. Fünf Düsenjäger sausen durch die Luft, dicht an dicht, eine riskante Formation, beeindrucken die zahlreichen Schaulustigen. Eine freundlich strenge Frauenstimme fordert auf Deutsch, Französisch und Englisch Gepäckaufmerksamkeit, unbeaufsichtigte Koffer würden zerstört.
In zwei Tagen werde ich dann nach Santa Cruz weiterreisen. Endlich. Ich freue mich darauf!

Madrid, zwei Nächte in der *„Posada de Huertas Hostel"*, Huertas 21, ohne ein Auge zu schließen, so sehr tobt der von jugendlichem Übermut und Amüsierwillen getragene Krach, Kurzreise nach Toledo, im Zug zu meinem geliebten Aranjuez, dann wieder in den Flieger. Aeropuerto del Norte. Teneriffa empfängt mich im Regen. Der Bus nach Santa Cruz lässt stundenlang auf sich warten. In der Nacht komme ich endlich an. In Pablos Haus in der Calle Mendizábal bekomme ich mein altes Zimmer zur Straße hin, Wetterseite, ein frischer Wind bläst durch mein halb geöffnetes Fenster. Meine sieben Mitbewohner sind nette junge Leute, Mädchen, zwischen 19 und 27 Jahre alt, umtriebig, kreischend. Ein dreißigjähriger Mann, Flugbegleiter, macht mit, mimt den Animateur. Freitags zieht es sie regelmäßig nach La Laguna, Diskonacht, machen bis morgens 5:00 Uhr einen drauf. Ich werde freundlich eingeladen, mitzuziehen, lehne aber freundlich ab. In die Disko will ich nicht. *„El Blues"* mit Livemusik wäre interessant!
Die *Bibioteca Pública de Santa Cruz*, Comodoro Rolín 1, frequentiere ich täglich, lese dort Tageszeitungen, gehe ins Internet, leihe mir Bücher und DVDs.
Nur zweimal schaffe ich es ins Kino: *Infiltradores*, der neue Film von Scorsese und *Copying Beethoven*.

Ich schließe mich dem Club de Lectura an, der sich zwanglos zweimal im Monat zur Diskussion von Büchern, die wir lesen, trifft. Wir lesen: Javier Cercas, La velocidad de la luz und Daniel Mason, El Afinador de Pianos.

Literarische Ideen treiben mich um. Die Geschichte eines Mannes, der einen fortschreitenden Sprachzerfall erleidet. Monolog eines (deutschen) Zeitgenossen im 21. Jahrhundert, der um den Holocaust kreist, zuerst die Verurteilung der Verbrechen, die Entschuldigungen, dann Verständnis, billigende Zustimmung, schließlich ein Hineinträumen in die Partizipation, Identifikation, Gewalt- und Folterphantasien in der Rolle eines KZ-Aufsehers.
Die Kriminalgeschichte des versuchten Versicherungsbetrugs und Mordes an M. aus meiner Laufbahn als Verteidiger, aber aus welcher Perspektive, etwa des Staatsanwaltes?

Kolia (Nicolás Rodríguez) ist ein außergewöhnlicher Künstler, der sich in allerlei Sparten (Literatur, Malerei, Schach, Gastronomie) tummelt, sich nicht festlegen lässt, oft aber die Zusammenarbeit mit anderen forciert, Gemeinschaft sucht. Er ist Kopf, Seele und Herz der „Equipo K“, die eine Traumspirale entwickelt, ein Schneckenhaus, hoch wie eine Pyramide, multifunktional mit Galerie und Cafeteria, eingepasst in die urbane Peripherie von Santa Cruz de Tenerife. Als das Projekt heute im *„Espacio Cultural CajaCanarias“* vorgestellt wurde, raste Kolia auf mich zu, schüttelte mir stürmisch die Hand und bedankte sich überschwänglich bei mir, dafür, dass ich gekommen sei. Bueno. Eine Verwechslung. Offensichtlich.

Ich habe 4 kg zugenommen. Eine gefährliche Entwicklung. Nicht nur Schwimmringe, Bauchansatz winken, viel schlimmer sind negative Folgen für Blutdruck, Stoffwechsel, die Diabetes im Untergrund. Dennoch Blutzucker: (nur) 101. Das scheint noch in Ordnung. Ich werde dem aber unbedingt entgegen steuern müssen!

Juan Carlos, Sozialarbeiter, leitet den Club de Lectura de Santa Cruz de Tenerife. Er kennt jeden, so dass man mit ihm auf der Straße keine zehn Meter weit kommt, ohne Begrüßungszeremonien, Umarmungsrituale, Kusswechsel, Gesprächshappen. Juan Carlos wirkt auch als Herz, Seele und treibende Kraft des *Radio Común* in La Laguna, ein freier, kulturell und sozial ausgerichteter Stadtsender, den die 300 000 Einwohner des urbanen Großraums SantaCruz/La Laguna empfangen können, der demnächst darüber hinaus auch weltweit als Internetradio senden wird.
Juan Carlos hat mich als Mitarbeiter angeworben. Ich werde also einige Sendungen zwanglos beisteuern: *„Berühmte Gitarrenstücke"*, *„Kaum bekannte Meistermusiker, die man kennen sollte"*, „Der Gitarrist Ihsan", usw.

Der Mathematiker vom Club de la Lectura schrieb eine kleine Geschichte, die er selbst im Radio *„Onda Común"* las, *„Der alte Bauer und der langweilige Mathematiker"*. Die beiden reisen, fahren eine Weile gemeinsam im Zug. Um sich die Zeit zu vertreiben, schlägt der Mathematiker eine Art Quiz vor, der Verlierer muss 1000 Pesos zahlen. Der Bauer gewinnt, indem er den Mathematiker fragt, welches Tier mit drei Beinen einen Berg besteige und mit fünf Beinen zurückkomme. Der Mathematiker verzweifelt, er findet keine Antwort. Er bemerkt nicht, dass der listige Bauer die Geschäftsgrundlage des Spiels, nur sinnvolle Fragen zu stellen, auf die es überhaupt eine Antwort gibt, Rätsel, die lösbar sind, außer Kraft setzt, indem er eine unsinnige Frage erfindet, nach etwas, das es gar nicht gibt!
Das brachte mich jetzt auf die Idee einer Geschichte eines *„Liebhabers unsinniger Fragen"*. Einer, der seine ganze Kraft, seine Leidenschaft, sein ganzes Leben auf die Erfindung unsinniger Fragen verwendet, die er dann ständig an alle möglichen Leute richtet und natürlich auch in etlichen Anfragen Behörden, Abgeordnete, Personen des öffentlichen Lebens stellt, die oftmals in verblüffender Weise reagieren. Und manchmal erwächst aus dem allem sogar *„Sinn"*.

Ein spannendes Thema nicht nur für das Radio *„Onda Común"* wäre der Dissens der zwischen Männern und Frauen herrscht bezüglich guter und schlechter Liebhaber(rinnen). Ein geeigneter Einstieg wäre das Brassens Chanson „*Quatre-vingt-quinze fois pour cent*“ (Orgasmusvortäuschung), zuerst dessen spanische Übersetzung, dann das französische Lied, die Umfragen, Sexualforschung, welche immer wieder zum Ergebnis kommen, dass sich 80 % der Männer selbst für tolle Liebhaber halten, aber nur 40 % der Frauen mit ihren Liebh-bern zufrieden scheinen, Interviews mit verschiedenen Frauen und Männern, Reportage mit Meinungsäußerungen von der Straße.

Im Cine Victor sah ich gestern Abend den instruktiven Dokumentarfilm „*Mondovino*“ (Jonathan Nossiter, 2004, Argentinien/Frankreich/Italien/USA), in der Originalversion (Englisch, Französisch, Spanisch, Italienisch, Portugiesisch) mit spanischen Untertiteln. Machenschaften rund um den hünenhaften Weinkommerz in den Zeiten der Globalisierung: Die „*Mondavi-Family*“, amerikanische Weinmogule aus San Francisco (Napa Valley, ein 50 Kilometer langes, mit Reben bedecktes Tal), der autoritative amerikanische Weinkenner Robert Parker, der in seiner Weinfibel die Weine der Welt mit Punkten bewertend in eine hierarchische Rangordnung bringt, so über deren Preise und Verkäuflichkeit mitentscheidet, der französische Enologe Michel Rolland, der mit „*Mikrooxidation*“ Weinen in aller Welt einen populären, schnell ansprechenden, konsumierbaren Einheitsgeschmack verpasst, und die Zeitschrift „*Wine Spectator*“, massenmediales Sprachrohr, eine Seilschaft?

Übers Wasser laufen nach Südamerika. Das beschloss ich vor zwei Wochen, fand aber nicht den rechten Augenblick. Dann habe ich es vergessen und werde nie erfahren, wie das geht, wie es gewesen, wer und was mir unterwegs begegnet und zugestoßen wäre. Schade!
Zeit fehlt mir ständig. Meine Tage vergehen. Schon befinde ich mich in meinem 60. Lebensjahr. Wie lange noch? Meine Stunden werden knapp!
Vielleicht hat deswegen meine Disziplin gelitten. Wenn es mit einem zu Ende geht, leuchtet persönliche Strenge in absurdem Schein. Dabei

will ich mindestens 80 werden. Leider ist das mit niemandem verhandelbar und nur begrenzt durch vorsichtige, vernünftige Lebensweise zu beeinflussen. Das wissen wir alle. Achtsamkeit und Besonnenheit können jeden Lebensimpuls auch abtöten, sodass man vor Angst und Schrecken erstarrt und als Zombie hundert wird. Das will ich beileibe nicht! Zu viel habe ich gegessen, Alkohol getrunken, 4 kg zugenommen, schon lange nicht mehr meine Werte gemessen. Wie hoch wird mein Blutzucker wohl sein? Mal sehen. 119 (nüchtern)!

Heute Morgen bin ich in die spanische Geschichte abgeschweift, in die spannende Übergangszeit nach dem Tode des *„Caudillo"* Franco, 1975, und schließlich in der Verfassung vom 27. Dezember 1978 hängen geblieben. Diese hat große Ähnlichkeit mit dem deutschen Grundgesetz. Grundrechte werden garantiert (Art. 14-29), und jeder kann ein *„recurso de amparo"*, die spanische Verfassungsbeschwerde, beim *Tribunal Constitucional* (Verfassungsgericht) erheben. Der alte Strafverteidiger und Verfassungsrechtler regt sich in mir, wird unruhig. Die großartige Noblesse des Artikels 10 begeistert mich:

„La dignidad de la persona, los derechos inviolables que le son inherentes, el libre desarollo de la personalidad, el respeto a la ley y a los derechos de los demás son fundamento del orden político y de la paz social." (Die Menschenwürde, die ihr innewohnenden unverletzbaren Rechte, die freie Entfaltung der Persönlichkeit, die Achtung des Gesetzes und der Rechte der Anderen sind Fundament der politischen Ordnung und des sozialen Friedens).

Die *„Tia"*, die ca. 80 Jahre alte Tante von Pablo, 36, dem das Haus in der Calle Pedro José de Mendizabal in Santa Cruz de Tenerife, wo ich und meine Freundin Lili wohnen, gehört, ist eingetroffen, reißt alle Türen und Fenster auf, wirft die Waschmaschine an, flitzt als reinigender Wirbelwind herum. Mittwoch ist ihr Tag. Da hilft sie dem Neffen in seiner *„Residencia"*. Dienstags säubert sie sein Haus in der Avenida de Buenos Aires, welches seine Sprachschule (Spanisch für Ausländer) beherbergt. Wenn die Tia agiert bleibt nichts auf dem Fleck. Sie rumort, räumt alles auf, um, weg, kehrt, wischt, bürstet, fegt, bügelt die Wäsche ihres Pablo und kocht nebenbei für alle Paella mit Hühnchen oder Linsen mit Wurst. Dabei redet sie auf jeden ein, der ihr bei ihren Verrichtungen über den Weg läuft, pausenlos, ohne irgendeine Antwort abzuwarten. Es macht nichts, wenn man sie nicht versteht. Wenn man ihre Tiraden, die sie lachend vorträgt, kapiert, handelt es sich um Klagen, meistens über junge, dumme, chaotische, faule *„chicas"* (Mädchen). Jungs kommen da besser weg, vor allem ihr Neffe Pablo, dem alles gemacht wird. So ist das! Wenn sie nicht umfällt, und dann von den *„chicas"* aufgehoben werden muss, bleibt sie den ganzen Tag über ununterbrochen in Bewegung.

Schnell, ich muss meine Wäsche retten, bevor die Tia sie abhängt und in den Dreck wirft!

Es gab glückliche Momente mit Ursula, meiner Exehefrau, die ich am 12. August 1971 geheiratet hatte, in den 70gern, in Spanien, im Citroen. Wir brausten schwerelos dahin auf den schnurgeraden Straßen durch Spaniens Inneres, fröhlich, umhüllt von einer freundlich erhitzenden Sonne, während Van Morrison *„It's a long way to Barcelona"* sang; *Saint Dominics Preview* kann exakt mein Glücksgefühl von damals evozieren.

Fulminante Sätze in Rosa Monteros *„La loca de la casa"* (Die Verrückte des Hauses; Alfaguara, 2003):
“La realidad no es más que una traducción reductora de la enormidad del mundo y el loco es aquel que no se acomoda a ese lenguaje.”
“Uno no sólo escribe, sino que también lee contra la muerte.”
“La muerte no sólo te espera al final del camino, sino que también te come por detrás.”
“Otra de las ventajas de la edad: no hay que fingir orgasmos, no hay que dar gritos innecesarios y, en general, uno ya sabe dónde colocar los codos y las rodillas.” (Ich lasse das im spanischen Original stehen, muss freilich freimütig bekennen, *mea culpa, mea culpa, mea maxima culpa*[9], dass ich

[9] „Durch meine Schuld, durch meine Schuld, durch meine große Schuld".

dieses eine Mal keine Lust zur Übersetzung habe. Das famose Buch wird ohnehin bald auf Deutsch erscheinen, hoffentlich die Gelegenheit, es zu erwerben.)

Seit zwei Tagen regnet es, pausenlos. Es ist kalt.

Erlebniseinkauf im Carrefour. Letztes Jahr war ich noch hingerissen von diesem Konsumtempel. Er blitzt, glänzt und lockt. Dort gibt es alles. Vieles preiswert, manches teuer, Mischkalkulation! Wenn man nicht aufpasst zahlt man drauf. So ist das halt. Damit muss man leben und sich an seine eigene einfältige Nase fassen.
Wehe aber dem hoffnungsfrohen Käufer mit blitzenden Augen, vor Lust geröteten Wangen, der selbst alles richtig macht, und dem trotzdem die Stunde schlägt, über den das blinde carrrefoursche Schicksal hereinbricht, weil er arglos in Fehler oder Fallen des Ladens tappt oder schadhafte Ware erwischt.

In Santa Cruz de Tenerife ist zurzeit der Schlund der Karnevalshölle weit aufgerissen. 300 000 Kanarier und einige Ausländer machen die Nacht zum Tage, veranstalten einen Höllenlärm, treiben derbe Scherze, pissen die Straßen und Hauswände voll, vögeln hinter jedem Busch, saufen sich – witzig verkleidet – um den Rest ihres Verstandes. Gegen 9 Uhr in der Frühe taumeln sie, falls sie es noch schaffen, ihren trauten Heimen entgegen. Dann pennen sie bis 22:00 Uhr. Und danach geht es von vorne los, mindestens zehn Tage lang! Danach gehören alle ins Sanatorium zum Alkoholentzug. Busse und Straßenbahn sind ausgesetzt bzw. fahren anders herum. Alles hat geschlossen. Klar die gesamte Stadtbevölkerung pennt tagsüber und lebt nachts auf der Straße. Auch Cybercafés und Locutorios sind daher zu! Da ich zurzeit über kein funktionierendes Handy verfüge, kann ich nicht mit Christina oder Konrad telefonieren, ihm zu seinem inzwischen schon 29. Geburtstag gratulieren. Ach ja, Pablitos (Pablo Enrique) Haus, in dem ich mit vierzehn anderen lebe, ist karnevalsmäßig fast zerstört. Es würde mich nicht wundern, wenn es abbrennte oder einfach zusammenfallen würde.

Dem kann man sich keiner entziehen. Ich muss gestehen, auch ich war heute Nacht mit den Bösesten von den Bösen feiern. Aber jetzt sitze ich hier um 08:56 morgens relativ fit da, während um mich herum sich die Alkoholleichen stapeln und die Bäder und Toiletten und Abflussrohre verstopfen. Ein Dutzend Kakerlaken rennt unter ihnen um die Wette. Welches Ungeziefer möchte auch schon von einem kotzenden Besoffenen zerdrückt werden?

Die nächsten Tage will ich das Unmögliche wagen und mich dem Karneval entziehen. Mal sehen mit welchem Erfolg? Auf nach La Palma!

Ich vergaß frühmorgens in meinem überstützten, improvisierten Aufbruch alle Kamerautensilien, den italienischen Reisführer, den Chiara mir borgte und den Ausdruck meiner Internet-Informationen, die ich eigens für den Ausflug gesammelt hatte. Da ich zudem weder Flüge, noch Mietwagen, noch Hotel reserviert hatte, galt es zu improvisieren.
Es stellte sich heraus, dass es reicht, wenn man 35 Minuten vor Abflug ein Flugticket kauft, und auch den Mietwagen konnte ich ohne Schwierigkeiten direkt auf dem Flugplatz von La Palma anmieten. Die Suche nach einer billigen Pension verlief komplizierter. Ich musste viel herumfragen und erst nach der siebenten Ausforschung erhielt ich einen Tipp. Ich schlug mich zu den *„Apartamentos La Fuente"* durch, das Zimmer 35 Euro die Nacht, aber es gebe die billigere Pension *„La Cubana"* für nur 21 Euro. Da solle ich nur immer die Strasse geradeaus, weiter und weiter, über die Plaza España in die Calle O'Daly, dort fände ich ein Telefon hinter einem Gitter. Ich dürfe anrufen, und man würde mir dann sagen, wo der Schlüssel versteckt sei. Das Telefon funktionierte aber nicht, wie ich es dem Rezeptionisten geweissagt hatte, und wie könnte es auch anders sein! Also wieder zurück. Erst nach einigem Hinundher bekam ich eine einfache, fensterlose Bleibe.

La Palma ist eine Insel für ästhetische Menschen, vor allem für Maler und Bildhauer. Ihre Häuser bemalen die Palmeros (geborene Künstler?) immer geschmackvoll, fast erlesen, mit gewagten Farbkombinationen, lila und grün, blau und ocker, gelb, rot, dass es nur so leuchtet. Die Natur selbst malt kunstvoll in einer unendlichen Vielfalt sonderbarer Farben und Formen zwischen grün, braun und rot. Dazu ein azurblauer Himmel (es sei denn, es regnet, was häufig der Fall ist) und ein stahlblaues Meer. Bäume, Felsen, allesamt Skulpturen, wie sie kein surrealistischer Künstler großartiger gestalten könnte. Die Insel ist ein einziges großes zerklüftetes, bergiges Felsenmassiv, welches archaische Vulkanenergien einst aus dem Meer emporgeschleudert hatte. Und es gibt noch immer aktive Vulkane dort und man rechnet mit einem Ausbruch. Irgendwann[10]. Wenn man dann gerade dort ist, hat man vielleicht Pech gehabt. Die Lavafelder des letzen Vulkanausbruchs erstrecken sich kilometerweit in der Nähe des beliebten Küstenorts *Puerto Naos* mit hübschem Palmenstrand und schwarzen Sand, wo ständig Drachenflieger landen und Surfer auf milden Wellen reiten.

Ich durchraste die kurvenreiche, steile Insel kreuz und quer mit meinem gemieteten Toyota Yaris. Packende, abwechslungsreiche, manchmal geradezu faszinierende Aussichten und Eindrücke. Viele Stellen drängen sich geradezu als *„Film-Location"* auf.

Zwei Gegenden werden mir unvergesslich bleiben und lohnen jede Mühe sie aufzusuchen: *„Parque Nacional Caldera de Taburiente"* und der *„Playa de Nogales"* mit der *„Cueva del Infierno"* in der Nähe.

Gerade werde ich von Steffie unterbrochen. Ich trinke Tee mit ihr in der komplett versifften Küche, und sie erzählt mir die neuesten Horrorgeschichten, die während meiner Abwesenheit in der *Casa Loca* Pablitos passiert sind.

Gestern erschien ein holländisches Frankenstein-Monster, ein ungeschlachter Struwwelpeter, ein Pennerriese mit drei Tüten als Gepäck, aus dem Mund sabbernd, der drei Wochen bleiben wollte. Zum Glück

[10] Im September 2021 wird der Cumbre Vieja ausbrechen!

war ihm die Küche zu schmutzig und das Haus zu „ruhig“, weshalb er zwei Stunden später von Pablo wieder weggefahren wurde, vielleicht ins Obdachlosenasyl?

Unsere 17-jährige Holländerin ist nach all dem jetzt depressiv, will aus dem Chaoshaus ausziehen; zu dreckig, zu laut, sie fühlt sich allein und einsam. Ich glaube, sie ist die siebte oder achte Person in den letzten Monaten, die schnell wieder weg will!

Pablo leidet offenbar an einer speziellen, bislang noch unbekannten und unerforschten Krankheit, die ich nach ihm *pablitische Demenz* nennen will. Er sieht, ohne zu sehen, hört, ohne zu hören und denkt, ohne zu denken; er hat Sinne und Hirn bei deren gleichzeitigem Totalausfall, während er selbst glaubt, dass alles in Ordnung sei!

Die Verwahrlosung des Hauses hat in den letzten zwei Tagen große Fortschritte gemacht. Alle Mängel im Hause bestehen fort, und es sind weitere Schäden hinzugekommen. Von den drei Bädern ist gerade noch ein halbes, ebenfalls verdrecktes benutzbar. Martin hat drei Freunde aufgenommen, von denen Pablo noch nichts weiß, sie wollen mit ihm aber reden, falls sie ihn sehen sollten, und die das Haus für die kanarische Version von Ballermann halten. Gestern Nacht wurde unentwegt gesoffen und Krach gemacht. Natürlich war es keiner, zumal sie tags zuvor Chiara, die am Dienstag Examen macht, versprochen hatten, ruhig zu sein. Vorhin habe ich sie alle angeschissen, den Krach demonstriert: Stühle auf dem Boden kreischend hin und her gezerrt, Geschrei, Muhahas, Türenknallen. Das weckte dann sogar den Karnevalhäuptling des ganzen Unrats, Chief Pablo, in seiner Wohnung auf, der herunterbrüllte, was Steffie und ich mit wieherndem Gelächter quittierten. Ja, man kann eine Menge Spaß hier haben.

Es regnet, sieht also schlecht aus für meine Konzerte (u. a. mit Orishas), die auf fünf Bühnen im Zentrum von Santa Cruz de Tenerife von High Noon bis Mitternacht stattfinden sollen.

Die Caldera de Taburiente (seit 1954 Nationalpark auf La Palma) ist einer der größten Vulkankrater der Welt: 10 km Durchmesser, 1,5 km tief. Mittendrin der Felsen *Idafe*, Altar der Guanchen, ihren Gott *Abora* verehrend. Wie ein Amphitheater, von hohen Bergen umsäumt, der höchste, *„Roque de los Muchachos"*: 2426 m hoch. Dort gibt es ein Dutzend Sternwarten wegen des einmaligen Sternenhimmels hier. Wirkt futuristisch, wie eine dieser technischen Anlagen in einem James Bond Film. Von dort oben kann man runter in den Krater schauen und auch wandern. Unbeschreiblich!

Ein Erlebnis dritter Art hatte ich dann allerdings, als ich leichtsinnig fünfzehn Meter lang auf einem schmalen, unwegsamen Felsengrat (vielleicht 80 cm breit), der Zwiebelschnute (Morro de la Cebolla), bis zur Spitze robbte. Rechts und links gähnte die Tiefe. Ich sah in den Abgrund und eintausendfünfhundert Meter zog es mich hinab. Mir schwindelte. Wäre ich fünf Sekunden schauend länger verweilt, stürzte ich hinunter. Ich kann nicht mehr sagen, wie ich da wieder heil weggekommen bin. Weder den Anblick noch „mein Erlebnis" werde ich je vergessen.

Die Playa de Nogales liegt abgelegen an der Felsenküste La Palmas. Ich fuhr von *Santa Cruz de la Palma* in Meeresnähe fast eine Stunde lang auf einer schmalen Straße durch ein wogendes Meer von Bananenstauden (voll hängend mit dieser typischen kleinen kanarischen Fruchtversion), bis ich auf einen einsam gelegenen Parkplatz kam. Unterwegs hatte ich niemanden getroffen, und auch dort war ich ganz allein. Dann ging es etwas vier Kilometer unter gigantischen Felsen, von wunderbaren Farbbändern durchzogen, einen schmalen Fußweg am Rande des Abgrunds zum Meer entlang, vorbei an einer gigantischen Höhle der *„Cueva del Infierno"*, zum wild romantisch daliegenden, schwarzen Sandstrand. Malerisch und monumental zugleich. Was für eine Kulisse. Der Regen, der in Strömen einsetzte, passte wunderbar dazu. Und dann ein strahlender Regenbogen, der bunteste, den ich je erblickte.

Im Cine Victor werden garantiert außerordentliche Filme gezeigt. Gestern gab es den brasilianischen Film *„Cidade Baixa"* (Lower City, 2006) von Sergio Machado, eine fantastische Dreiecksgeschichte mit tollen Bildern, prima inszeniert. Sex und/oder Liebe zwischen einer nervenzerreißenden blonden Hure, einem Schwarzen und einem Weißen, beste Freunde, die sich als Seeleute, Gauner und Boxer durchs Leben schlagen, mit entsprechenden Verwicklungen und Verstrickungen. Das führt zum unausweichlichen Endkampf der Männer um ihre mittlerweile schwangere Geliebte. Nur mit Mühe können sie es vermeiden, sich gegenseitig umzubringen, verletzen sich aber erheblich. Am Schluss verarztet die Hurenblondine die blutigen Gesichter beider vor ihr sitzenden Freundeskontrahenten. Und sie drückt ihr weißes, vom Blut eines jeden beflecktes Tüchlein, in einer großen Schüssel aus. Dort vermischt sich im Wasser das Blut beider und sie weint ihre Tränen dazu. Auch eine Trinität!

Gestern hörte und sah ich einen Diavortrag von Román Morales García über seine Südamerikareisen 1988-1991. Tolle Fotos, witzig, unterhaltsam interessant. Das ist ein Selfmademan durch und durch. Er bringt gerade die dritte Auflage seines entsprechenden Buches *„Buscando el Sur“* heraus.

Fesselnd die Nazca-Linien (Geoglyphen), riesige Scharrbilder in der Wüste bei Nazca und Palpa in Peru, schnurgerade, bis zu 20 km lang, Dreiecke, trapezförmige Flächen, Tierfiguren, in einer Größe von zehn bis zu mehreren hundert Metern, Menschen, ein Affe, Vögel, Fische (Wale?); die gestaltbildenden Linien oft nur wenige Zentimeter tief, nur aus der Luft zu erkennen. Maria Reiche begann 1946 (43-jährig) die rätselhaften Zeichnungen zu untersuchen. Mit 52 Jahren ließ sie sich dann auf die Kufen eines Helikopters festbinden, um im Freien bessere Luftaufnahmen von den riesigen Bildern machen zu können. Und zu Fuß vermaß sie ein Gebiet von rund einhundertundfünfzig Quadratkilometern. Anspruchslos lebte sie fünfundzwanzig Jahre lang in einer kleinen Hütte ohne Wasser und Strom am Rande der Pampa Colorada. Selbst im Rollstuhl führte sie ihre Studien im hohen Alter fort. Am 6. Juni 1998 ist sie 95-jährig verstorben. Heute befindet sich in ihrer Hütte ein Museum, das Mumienteile und Grabbeilagen, Aufzeichnungen und Skizzen sowie ihre persönlichen Gegenstände und Einrichtungen zeigt.

Ein Journalist vom kanarischen Fernsehen sucht für eine Sendung verzweifelt beim Literaturclub von Santa Cruz informierte Fans von Benito Pérez Galdós.

Jedermann verweigerte sich. Jetzt schrieb mir Santana eine Mail, mit der Bitte, ich möge ihm doch etwas über meine tiefe Verbundenheit mit diesem Schriftsteller mitteilen.

Benito Pérez Galdós (* 10. Mai 1843, Las Palmas de Gran Canaria, - † 4. Januar 1920, Madrid) soll einer der bedeutendsten spanischsprachigen Vertreter des realistischen Romans sein. Studium der Rechtswissenschaft, viele Liebesbeziehungen, Musikliebhaber (Fan von Beethoven). In seinen frühen Werken sollen fiktive Figuren auf historische Persönlichkeiten (umfangreiches Quellenstudium) treffen. Er las Balzac, übersetzte Dickens. Bekannte Romanfiguren: Marianela, Fortunata, Tristana. Historisch-politische oder religiös vertiefte Liebeskonflikte. Nazarín oder Misericordia erinnern etwas an Dostojewski. Luis Buñuel verfilmte *„Nazarín“* (Mexiko 1957/58) und *„Tristana“* (1970). Auf Deutsch erschienen: Doña Perfecta, 1886; Fortunata y Jacinta, 1961; und Tristana, 1989.

Soll ich diese dicke Eule im Entenschlot (bzw. dicke Ente im Eulenschlot?) spiegeln? Den Journalisten auf den Arm nehmen? Vielleicht dann so: „1977 fand ich in einem verstaubten Regal einer bekannten deutschen Bibliothek, deren Namen ich nicht nennen soll, die deutsche Ausgabe von 1961 eines seltsamen spanischen Buches, welches mich magisch anzog. Ich durfte es mir nicht nach Hause ausleihen, sondern nur in den Lesesaal mitnehmen, wo ich es unter Aufsicht nach und nach verschlang. Das Werk machte einen unauslöschlichen Eindruck auf mich. Das unwiderstehliche Verlangen keimte in mir, das Original zu lesen. Ich begann deshalb Spanisch zu lernen. Und viele Jahre später lies ich mich endlich in der Heimat des Autors nieder und verwirklichte meinen Traum. Bis heute habe ich auf den Islas Canarias schon sieben Mal *„Fortunata und Jacinta“* auf Spanisch gelesen.“ –

Der Fernsehjournalist hüllte sich in Schweigen!

Vergangenen Donnerstag bin ich schließlich auf und davon nach Lanzarote. 4:30 Uhr aufgestanden, zum Busbahnhof marschiert. Dazu braucht man von der Casa Pablito in der Calle Mendizabal gerade mal 40 Minuten (noch günstiger ist es an einer Haltestelle der oberen *„Tres de Mayo"* einzusteigen, man spart so zehn Minuten). Mit dem Bus 102 um 6:00 Uhr zum Flughafen. Mein Flug geht um 7:15 Uhr mit *Islas Airways*. 8:05 kam ich an; gegen 8:30 in meinem Mietwagen auf der Insel unterwegs.

Titten, Farben, Mäuerchen, wilde Autofahrer, Parkplatzprobleme, grün-weiße Häuschen für die Eingeborenen, weißes Einerlei, welches blind und hirnlos macht, für die Touristenbrut in den uniformen Labyrinthen von *Playa Blanca*, *Puerta del Carmen* und *Costa Teguise*. Fantastische Werke von Manrique: Höhlen Grotten, Lagunen, Kaktusgarten, Miradores. Lanzarote gebärdet sich erotisch. Überall verwirren einen sanft geschwungene, einfache oder gedoppelte Hügel- und Bergbusen. An Phalli erinnernde Felsformationen treten einem entgegen. Stachlige Riesenpimmel recken sich im Kaktusgarten. Farben, Farben, Farben. Aus Schwarz wächst Hellgrün, Rostrot, daneben, Ocker, Blaues, Weiß, alle erdenklichen Varianten, sanft ineinander übergehend oder hart kontrastierend, im Wechsel. Die atemberaubenden Feuerberge, eine andere Welt für sich. Surreale Formenvielfalt in der Lavapracht. Die alte Weisheit, dass die Natur selbst die größte Künstlerin sei, schießt einem da unwillkürlich durch den Kopf.

La Graciosa, die kleine Lanzarote vorgelagerte Insel mit etwa fünfhundert Einwohnern und vielen Tagestouristen habe ich mit der Fähre von Orzola besucht. 45 Minuten war ich dort. Ruhe und Wandern. Und bald hatte ich meinen Lieblingsplatz entdeckt, drei blaue Bänke vor den Häusern am Hafen, mit Blick auf die Anlegestelle und den *„Rio"*, diese Meeresenge zwischen La Graciosa und Lanzarote.
Neben mir diskutierten in einem mir unverständlichen Dialekt einige ältere einheimische Männer lachend die Ortsgeschehnisse.
Übernachtet habe ich in Arrecife. Lanzarotes Hauptstadt ist ein lebendiges spanisches Städtchen mit eigenem Charme; allerdings sieht man viel Armut, Penner, Junkies, Säufer. Zum Glück konnte ich nach einer Auseinandersetzung mit anderen in Schlange wartenden Autofah-

rern einen Parkplatz beim Hospital Insular ergattern. Ich schlich mich erstmal am Portier vorbei ins Krankenhaus, um ein dringendes Geschäft zu verrichten. Dann schlenderte ich entlang am malerischen Binnenhafen mit Segel-, Ruderbooten und Motoryachten zur Pension San Gines. Ich erhielt ein Doppelzimmer mit eigenem Bad für zwanzig Euro. Dann trug ich zur Unsicherheit der Nacht bei und kippte mir in einer Kneipe am Hafen einen hinter die Binde. Nachts seltsame Geräusche hinter den Wänden. Müde und abgefüllt, wie ich war, machte mir das weiter nichts aus.

Im Cine Victor *„TranSylvania"* von Tony Gatlif (Drehbuch, Regie, Musik; Frankreich, 2006).

Zingarina (Asia Argento) kommt aus Paris nach Transilvania[11], in das rumänische Herz, auf der leidenschaftlichen Suche nach ihrer großen Liebe dem Musiker Milan, von dem sie ein Kind erwartet, und der eines Tages ohne jede Erklärung verschwunden war. Sie wird von ihrer französischen Freundin Marie (Marina Casar) begleitet. Land und Leute faszinieren sie. Als sie aber ihren Geliebten trifft, weist dieser sie brüsk zurück. Vor Schmerz halb wahnsinnig verlässt sie Marie und irrt umher. Sie wird von Tschingalo, eine Art Antiquitätenhändler, dem *„tiefe"* deutsche Schlager wie *„Marmor, Stein und Eisen bricht"* gefallen, aufgefangen, gerettet, geliebt und bringt auf abenteuerliche Weise in einem Auto, inmitten einer winterlichen Szenerie, ihr Kind zur Welt. Zigeunerseele, fremde Landschaften, irisierende Musik, gewaltige Bilder von eindrücklicher Kraft.

Bin kurzerhand nach *Fuerteventura* geflogen und durchbrauste in meinem Mietwagen die Insel. Die Touristenbrut und ihre Geier habe ich, so gut es ging, vermieden. Am schönsten sind die gelbweißen Dünen und großen Strände im Nordosten. Die Fahrt durchs Lan-

[11] Rumänisch Ardeal oder Transilvania, ungarisch Erdély, lat. Tran(s)silvania oder Tran(s)sylvania, terra transsilvana: „Land jenseits der Wälder"; eingedeutschte Bez. Tran(s)silvanien bzw. Tran(s)sylvanien in mittelalterlichen Dokumenten gebräuchlich; der deutsche Namen „Siebenbürgen" ist vielleicht auf die sieben von den Siebenbürger Sachsen gegründeten Städte zurückzuführen: Kronstadt, Schäßburg, Mediasch, Hermannstadt, Mühlbach, Bistritz und Klausenburg.

desinnere bietet monumentale Berglandschaften, archaisch und wild. Das Ganze erinnert irgendwie an eine seltsame Mischung von Wildwestfilmlandschaft (Arizona) und ägyptischen Palmoasen in der Halbwüste. Gleich umzingeln uns Rothäute und Lawrence reitet uns auf einem Kamel entgegen.

***

Es fängt alles wieder von vorne an. Gestern Morgen bin ich von Berlin nach *Madrid* geflogen und dort drei Stunden lang herum gestrolcht. Mildes Wetter, Sonnenschein, Horden im *Retiro Parque*. Auch ein Filmteam war da und machte Aufnahmen davon, wie eine große, schlanke Brünette und eine kleine, atombusige Blondine enthusiastisch auf einen Moderatorenbeau zurannten. Um 17:45 Uhr flog ich dann weiter nach Santa Cruz de Tenerife.

Es sieht nun tatsächlich so aus, als ob ich es gut getroffen hätte. Zentraler geht es nicht. Im Zentrum von Santa Cruz, nahe der Plaza de Candelaria (um die Ecke befindet sich auch das Parlamentsgebäude) residiere ich jetzt. Juancar war mit dem Bus gekommen, um mich vom Flugplatz abzuholen, brachte mich zu Caly in die *Calle Perez Galdos*, fünfter Stock, mein neues Zuhause. Saida (Juancars neue Ehefrau) stieß etwas später zu uns, und ich lud die ganze Bande auf ein Bier ein. Dabei wusste niemand, dass Caly an diesem Tage ihren 48. Geburtstag feierte. Caly nennt drei Katzen ihr Eigen, eine schwarz, die andere weiß, die dritte braun-schwarz-weiß gefleckt. Zusammen wohnen wir in der großen Wohnung mit vier Wohnräumen, Küche, Balkon und zwei Bädern. Meine Hausherrin scheint unkompliziert zu sein. Ihr geschiedener Mann betreibt ein Flugunternehmen mit Helikoptern, ihre 20-jährige Tochter (einziges Kind!), neben den Katzen natürlich ihr Ein-und-Alles studiert in Madrid Jura. Die Eheleute lebten vier Jahre in Houston (Texas), damit ihr „*Ex*“ dort seinen Flugschein erwerben konnte. Auch in London und Paris verbrachten die beiden

längere Zeit. Caly ist esoterisch veranlagt, momentan (?) ganz hin und weg von einem weiblichen Guru namens *„Ramtha"* („JZ Knight") und deren Sekte. Demnächst besucht sie in Frankreich schon ihren dritten Initiationsritus. Sie reist leidenschaftlich gern. In den nächsten Monaten will sie in den Senegal, nach Patagonien und in die Türkei. Sie liebt auch Musik und führte mir Sachen vor, die sie mag, darunter eine famose Cover-Version eines Pitingos.
Santa Cruz de Tenerife ist im Wandel, noch weniger Kultur als im letzten Jahr. Das *Cine Victor* hat vor einem Monat geschlossen. Mein Friseur Daniel Tijeras ist verschwunden; in seinen Räumen macht sich jetzt eine Sektenkirche breit. In der La Granja-Bibliothek gewann ich den Eindruck, dass die Literaturklubs auch nicht mehr existieren. Ich hinterließ meine E-Mail-Adresse. Mal sehen!?

Vor drei Stunden habe ich bei *„A Tu Gusto"* getafelt.
Juancar hat wohl viel über mich erzählt; es scheint so, als ob inzwischen alle wüssten, dass ich Schriftsteller wäre?!
General Franco und General Mola haben sie abgeschafft! Die Ramblas und die Avenida sind jetzt in *„Santa Cruz"* und *„Islas Canarias"* umbenannt.
Ich vermisse Lili, in die ich mich verliebt habe, sehr, muss heute unbedingt ihre Stimme hören, will gleich noch einmal aufbrechen und sehen, ob ich sie erreichen kann. Mein Herz bebt vor Sehnsucht. Und gerade höre ich Annie Lennox *„Into the West"*. Es schnürt mir die Luft ab: pure nostalgische, zärtliche Melancholie. Gestern habe ich zu arbeiten begonnen, komme aber schwer in die Gänge, das muss besser werden. Arbeit ist meine Rettung!

Minimales Essen und Bewegung sind angesagt. Diät, Disziplin!

Es ist noch dunkel. Wann wird es hell werden?

Ein beliebter Spruch lautet: *„Essen ist die Erotik des Alters"*. Das wäre nur richtig, wenn man hinzufügte: *„Essen ist* (unter anderem auch) *die Erotik* (jeden) *Alters"*. Arbeit vermag unter anderem auch erotisch zu sein. Und Arbeit ist wichtiger, sinnerfüllte, selbstbestimmte Arbeit. Ohne sie verliert man die Orientierung.

Calys Wohnung ist in gewisser Weise ein Tempel, in dem ihre *„Twenty-Something-Hija"* Paolah verehrt wird. Überall – im Wohnzimmer, Flur, Bad und in der Küche – stehen, hängen oder kleben ihre zahllosen Bilder, Fotos und Gemälde; auf dem Kühlschrank sind beispielsweise gleich sechs kleine Paolah-Bildchen angebracht, dazwischen intermittierend: fünf Schlümpfe mit englischen Sprechblasen (Bin ich nicht hinreißend? Lass mich in Ruhe!).

8:30 Uhr; es wird hell! Ich werde eine Kleinigkeit essen, etwas an meinem *„Miami"*[12] arbeiten und mich danach zu meinem Schokoladenplatz beim Auditorio bewegen!

Ich durfte bewundern wie die neu gestaltete Plaza de España sich jetzt präsentiert, mit Palmen, einem Teich und „schrägen" Häuschen. Das Franco-Denkmal blieb allerdings, der Boden ist bituminös. Mir gefällt vor allem, dass die Plaza de Candelaria und die Plaza de España zu einem großen Platz verschmolzen sind, der bis an die Meeresstraße heranreicht, die man auch mit frischen Palmen begrünte. Um 10:50 Uhr komme ich von meinem erquicklichen Ausflug zum Auditorio zurück. Die Damen sind ausgeflogen. Gott sei Dank, besser! Ich werde mir jetzt einen Tee machen und eine Kleinigkeit essen. Dann wieder an die Arbeit an meinem *„Miami"*!

Caly ist wohl eine Abkürzung von Concepcion (Empfängnis). Ihr Urahne soll zu Napoleons Zeiten aus dem Elsaß eingewandert sein. Er musste damals flüchten, um seiner Hinrichtung zu entgehen, weil er irgendetwas beim Exerzieren falsch gemacht hatte.

07:30 wurde es hell. Ich bin der erste, der hier aufsteht. *„No por mucho madrugar amanece más temprano"* („Was du heute kannst besorgen, das verschiebe nicht auf morgen") gilt für mich. Das ganze Haus ist sehr hellhörig. Ich kann also noch so leise sein, aber dennoch gelingt es mir nicht, ein gewisses Rumoren ganz zu unterdrücken. Das kann

---

[12] Franz Treller, *Nikunthas, König der Miami*; Orlando Syrg Taschenbuch, 1. Aufl., OrSyTa 22009, Berlin 2010; 2. Aufl., OrSyTa 22017, Berlin 2017.

ich leider nicht ändern. Dagegen bin ich machtlos. Dabei schläft Caly (der Name ist in Wahrheit eine Koseform von Michaela) bei offener Tür, damit Katzen (ich bin ja Gottlob keine!) nachts zu ihr rein und raus können. Eine Verschärfung (nicht nur!?) meiner morgendlichen Geräuschproblematik! In der Küche werde ich mir erst nach acht Uhr zu schaffen machen. Aber spätestens um halb zehn will ich lesend auf meinem Schokoladenplatz beim Auditorio hocken, dem Rauschen des Meeres lauschen, mir eine leichte Seebrise um die Nase wehen lassen und meinen alten Pelz genießerisch in die Morgensonne recken.

In der Bibliothek hatte ich eine – anläßlich einer neuen Verfilmung mit Tom Cruise – in Spanien neu erschienene Novellensammlung von F. Scott Fitzgerald entdeckt mit dem Titel *„El curioso caso de Benjamin Button"* (The curious Case of Benjamin Button) und sie mir ausgeliehen. Die unterhaltsame Titelerzählung beansprucht gerade einmal 40 Seiten. Ihre fantastische Grundidee, dass Benjamin Button als 1,70 Meter großer 70-jähriger Greis geboren (sein Tod, eine Geburt!?) wird und sich dann im Laufe der Zeit zu einem winzigen Baby zurückentwickelt, wird konsequent und witzig durchgeführt. Die heiklen Ereignisse von Geburt und Tod werden aber trickreich ausgespart. Fitzgerald läßt uns nicht erleben, wie Benjamin im Körper seiner Mutter Platz findet und das Trum von altem Mann aus ihr herauskommt, nein, sein Vater wird zu Beginn der Erzählung mit seinem schrecklich alten Sohn, der schon in einer Wiege der Neugeborenenabteilung des Hospitals liegt, und dem Entsetzen des Klinikpersonals konfrontiert. Das Ende (sein Anfang!?) von Bejamin gestaltet der Dichter als eine Art Verdämmern des Babys, vermeidet so die Embryowerdung und den Rückgang Bejamins, seinen Tod als Geburt. Ein Kreislauf, Geburt und Tod werden eins! Das fehlt alles. Kein Wunder, dass Benjamin Buttons Mutter in der Erzählung so gut wie nicht vorkommt. Es könnte aufschlussreich sein, auszuloten, wie die Geschichte sich aus der Sicht der „vermiedenen" Mutter darstellte!?

Es regnet. – Kein Schokoladenplatz! – Caly ist heute schon seit 9 Uhr auf; sie ist diese Woche an der Reihe (abwechselnd mit ihren Geschwistern?), sich um ihre alte und gebrechliche Mutter zu kümmern. Vor dem Zimmer der Tochter (Paolah) trifft man auf einen Anschlag (im wahren Sinn des Wortes!), das Formular für *„Follamigos"* (follar + amigos; Fickfreunde, ficken + Freunde) mit dem ausdrücklich zu erklären ist, dass man nichts weiter (keine Freundschaft, Einladung, Verlobung, Hochzeit) als einen Fick voneinander will. Ich unterschreibe sofort!

11:30 hatte ich mir ein mit Schinken belegtes Melitta-Brot, Oliven und zwei Tomaten genehmigt. Köstlich! *A Tu Gusto* lockt trotzdem. Das Essen ist unwiderstehlich dort! Und gestern gab es kein marokkanisches Essen bei Saida und Juancar. Es fiel kommentarlos aus. Als ich mich bei Caly danach erkundigte, lachte sie mich aus und meinte, mit der Esseneinladung sei es wie mit Juancars Reisen?! Ich werde nie verstehen, wann ich die Einheimischen ernst nehmen soll und wann nicht!

Ich habe den Lockungen von *„A Tu Gusto"* nachgegeben und zufällig dort Juancar und Saida getroffen. Lautes Hallo, aber keine Rede von der gestrigen geisterhaft entfleuchten Esseneinladung! Während unseres gemeinsamen Mittagessens zwei weitere Einladungen nach Marokko und in den Senegal!? Ich habe brav ja gesagt, und es gleich wieder vergessen!!!

Danach war ich im *Cine Renoir Price* in der Calle Salamanca im rundherum multikulturellen Film *„El Truco del Manco"* (Santiago A. Zannou, Spanien 2008). Protagonist der Handlung ist die Triebfeder der Madrider HipHop-Gruppe *„La Excepción"* El Langui, ein junger Mann, an sämtlichen Gliedern behindert. Er spielt Enrique Heredia, alias Cuajo, den entsprechend Behinderten, der mit seinen Gaunereien in einem grauen, belanglosen Vorort irgendeiner Metropole ums Überleben kämpft und mit seinem Freund Adolfo, einem drogenabhängigen Mulatten, ein Studio erbaut, um den Traum von HipHop-Musik leben zu können. Sie schaffen es, aber nur um ihr Werk alsbald wieder in Flammen aufgehen zu sehen. – Nach dem Film habe ich ausgiebig mit meiner geliebten Lili telefoniert. In den nächsten Tagen will ich versuchen, ob ich nicht eine spanische Ausgabe ihres Buchtipps „*Audrey Niffenegger, The Timetravellers Wife*“ bekommen kann?

Meine Hausdamen sind soeben ins Heim zurückgekehrt. Ich höre sie in der Küche plaudern, während ich dem guten alten „*Ludwig van*“ (Wilhelm Furtwängler, 6. Symphonie – II., Szene am Bach) lausche, Nüsse knabbere und an einer grünen Dose Heineken-Bier nuckle.

Gegen 22:00 Uhr bin ich gestern noch zu den Damen ins Wohnzimmer. Sie waren immer noch mit Familenhistorien befasst. Gerade ging es um einen Familienzweig, den es infolge des spanischen Bürgerkriegs nach Mexiko verschlagen hat, und der seine spanische Herkunft nun mit allen Mitteln nachzuweisen versucht. Alle Dokumente sind vernichtet; nur in irgendeinem Kirchenarchiv sollen noch geeignete Papiere lagern, deren Einsicht die Kirche aber bislang verweigert!
Wir kamen dann auf die Umbenennung der Straßen, die Abschaffung der Generalsnamen. Mir wurde gesagt, sie seien sämtlich jetzt durch Namen wie „*Friede, Freude, Eierkuchen*“ ersetzt worden. Die Kusine wurde übrigens in der (Ex-)Calle des Generals Godet geboren.
Höflich wurde ich gefragt, wie ich denn meine Zeit den ganzen Tag über verplempert hätte. Ich berichtete bereitwillig vom Film „*El Truco del Manco*“ und meiner Lektüre des „*Benjamin Button*“. Von solchen seltsamen Dingen war der Weg anscheinend nicht weit zu schwarzen Jungfrauen, „*Virgen Negras*“, besser gesagt, schwarzen Madonnen. Eine gelbe, blaue oder grüne Muttergottes gibt es nicht!? Und war Jesus bei einer schwarzen Mutter ein Farbiger? Warum gilt Schwarz für etwas Heiliges in einer „weißen Kultur“ und weißen Traditionen? Ich bat Caly scherzhaft „JZ Knight“ alias „Ramtha“ (Taram!) bei ihrer nächsten Begegnung in Frankreich danach zu fragen. Da verstand sie keinen Spaß. Ernsthaft belehrte sie mich, so gehe das nicht, so etwas könne man Ramtha doch nicht fragen! Flugs glitt die Unterhaltung esoterisch aus: Rosenkreuzer, Freimaurer, Ramtha, Toth, Mr. Drumvalo in YouTube. Die Kusine und ich mussten vor

den Computer und uns via Internet (YouTube versteht sich) von Herrn Drumvalo die Entstehung der Welt erklären lassen. Da hatten wir nun etwas zum Kauen für die Nacht. Ich muss an mich halten! In meinem Inneren wächst von Mal zu Mal ein unwirscher Widerwille gegen den Esoterikkrempel, diesen unausgegorenen, abgeschmackt parfümierten Mist von selbsternannten Pseudoweisen. Ich wünschte die *„Heilige Inquisition"* käme zurück, die Scharlatane ein bißchen ins Gebet zu nehmen, den Ketzern brutzelndes Feuer unter ihren Hintern zu machen. Nette Idee für eine Erzählung?

Wenn unser Gehirn nichts ist als ein Computer, werden wir es dann gegen eine verbesserte Maschine austauschen, sobald es nur gelingt, dem Hirn überlegene Computer zu fabrizieren?

Caly erinnert mich irgendwie, ich weiß nicht wieso, an Ilse, meine Schwester. Vielleicht finde ich ja noch heraus, was es ist? Sie hat große Mühe mit ihrer Mutter, der es (neurologische Probleme?) sehr schlecht geht. Ihre „Krankenschwester" hat vor einiger Zeit die Flucht ergriffen, deshalb muss sich die Familie jetzt selbst um alles kümmern.
Caly hat mir heute Morgen nochmals gesagt, ich möge mich ganz wie zuhause fühlen, all' das, was ich benötigen würde, Computer, Fernsehen et cetera (sagt etwas von ihrem „Bett" und grinst!?) benutzen. Ich bleibe ungläubig. Kann ich es wirklich so gut getroffen haben? Wir frühstückten zu dritt. Ich habe ein Melitta-Brot mit Käse (Gouda), Tomaten und Oliven gegessen, Tee und Kaffee getrunken; es geht mir ausgezeichnet. Nach 11 Uhr werde ich mir die Ausstellung in der *Caja Canaria* ansehen und danach schauen, ob ich den Niffenegger-Roman kriegen kann? Blutzucker um 10:45 Uhr: 75.

15:30 startete ich meinen Versuch, Lili telefonisch zu erreichen. Falls das gelingen sollte, wollte ich mir um 16:00 Uhr den Film *„El Intercambio"* mit Angelina Jolie und John Malkovich ansehen. Lili war nicht zuhause, Film gestrichen, Heimweg! Ich war nicht wenig überrascht, als ich im Wohnzimmer in eine mit Fotos beschäftigte Familienversammlung hineinplatzte: Caly, Kusine, Bruder, Mutter. Ich wurde vorgestellt, honneurs, dann zog ich mich rasch zurück. Caly kam mir nach, lud mich zu Gemüsesuppe und Fleischbällchen ein (nicht schlecht, hat es mich etwa doch in ein Schlaraffenland verschlagen?) und bat mich, ich solle gegenüber ihrer Mutter den Freund ihres Exmannes Carlos spielen, da diese nicht wisse, dass Caly geschieden sei, und die Mutter alles aufrege?! Okay, meinte ich lässig: *„Ich bin Carlos' Mechaniker!"*

Ich erlebe eine superfleißige Phase, stehe bereits um 5:00 Uhr auf und mache mich sofort an die Arbeit.

Die Mutter blieb über Nacht; sie schnarcht in Calys Bett. Die Türe ist viel weiter zugezogen als sonst üblich, nur ein winziger Spalt ist noch zu erkennen. Juancar und Saida schneiten gestern Abend herein, und ich gesellte mich zu der neuen Runde mit Muttern in der Küche. Das wurde mit einigen Dosen Heineken-Bier ganz lustig. Zu meinem Entsetzen erzählte Saida aber von Plänen für ihre Brustoperation. Die Wahnsinnigen!

So viele Kunden (meistens besser Gekleidete!) habe ich noch nie in *„A Tu Gusto"* gesehen; die Leute warteten selbst auf der Straße noch auf ihren Platz. Manolo meinte, es müssten wenigstens vierzig Personen zum Essen kommen, damit er keinen Verlust erleide. Ich habe es mir schmecken lassen, vor allem der Fisch sagte mir sehr zu!

An der Außenfassade des geschlossenen *Cine Victor* kleben Liebeserklärungen, Protestzettel und Forderungen nach Wiedereröffnung. Sie haben alle Recht! Jammerschade dieser galoppierende Kulturniedergang in Santa Cruz.

Gestern sah ich im Renoir Price *„El Intercambio"* (*Changeling*, USA, 2008), Clint Eastwoods neuen Film mit Angelina Jolie und John Malkovich. Christine Collins sucht 1928 in Los Angeles nach ihrem gekidnappten Sohn. Eine total korrupte Polizei bringt ihr fünf Monate später einen falschen Jungen zurück. Sie weigert sich, ihn als ihren Sohn zu akzeptieren und wird deswegen in die Psychiatrie verbracht. Der Priester Gustav Briegleb, der schon lange gegen die Korruption, kämpft, hilft ihr. Der Film ist leider allenfalls Mittelmaß, streckenweise recht langweilig und ziemlich abgeschmackt (der Zuschauer wird ohne Not zum Voyeur einer Hinrichtung durch Erhängen gemacht!). Eastwoods schlechtester Film seit Jahren!

Ich fragte Caly, ob Updates auf ihrem Computer gemacht werden können, was sie bejahte, und schließlich ist es passiert! Microsofts Validierung schlug zu. Jetzt ärgert ein hartnäckig schwarzer Bildschirm Caly (das Foto ihre Tochter verschwindet bei jedem Neustart) und eine nicht wegzukriegende transparente Leuchtschrift in der unteren rechten Ecke des Bildschirms, die darauf verweist, dass die Software des Betriebssystems (XP) gefälscht bzw. eine illegale Kopie sei! Sehr peinlich. Caly ist verärgert, erklärte mir alle Computer seien hier so! Da habe ich mich unfreiwillig „schuldig-unschuldig" in die Nesseln gesetzt. *„Verändere nie etwas an einem fremden Computer und unterschätze nie die naive Ahnungslosigkeit dir unbekannter User!"* Das hatte ich nicht beachtet. Mögliche Problemlösungen: 1) Die „nags" einfach nicht beachten, bzw. mit ihnen leben; 2) Installation eines Cracks, der die Validierungssoftware wieder beseitigt; 3) Tabula rasa, Neuinstallation. Es wird wohl 1) werden, so lang bis es nicht mehr weitergeht.

Das neue kulturelle Gefängnis mit seinen Schießscharten[13], welches Stadtbibliothek, Kinosäle und Kustausstellungen beherbergt, hat ununterbrochen geöffnet. Kein Wunder, dass kein Geld mehr für das *Cine Victor* da ist!

Blutzucker (3 Stunden nach einem ungesunden Essen bei *Don Camelón* mit einigen Scheiben Weißbrot) um 16:30 Uhr: 96. Diabetes im Griff!

---

[13] *Tenerife Espacio de las Artes*, eingeweiht am 12. Oktober 2008.

Um 10:30 Uhr sind die Damen aufgestanden. Man hört sie in der Küche rumoren, das Radio plärrt dazu! Und draußen regnet es schon wieder; das Wetter lässt zu wünschen übrig. Meine Vorräte gehen zur Neige; ich muss einkaufen gehen, auch Toilettenpapier.

Das Gehirn legt keinen Wert darauf, korrekt zu hören und in der Popmusik regiert seit Jahren ein Lautheitswahn. Obwohl die Erfindung der CD eine Dynamikbandbreite von 1-100 dB möglich machte, wird seit Jahren der Dynamikbereich auf ca. 5 dB eingeschränkt. Limiter und Compresser machen das möglich. Und jeder will am lautesten klingen! Da entbrannte ein regelrechter Lautheitskrieg auf Kosten der Musikqualität. Wie immer ging alles von Amerika aus, und das muss dann unsere Referenz in Europa sein. Was Amerikaner machen, ahmen wir nach, und wenn es noch so blöde scheint. Zum Glück setzt jetzt aber in Amerika ein Umdenken ein (*„Turn me up“*), mal sehen, wie lange das dauert, bis dieses Umdenken zu uns herüber schwappt?

Wir haben heute hier den speziellen Feiertag der Schutzheiligen *„La Candelaria“*. Das lähmende, totlangweilige Wochenende dauert dieses Mal also unendlich lang. Überdruss und Kaufrausch sind es, die das Leben auf der Insel ausmachen. Ich sah mir vor lauter Vezweiflung *„Harvey Milk“* mit Sean Penn im Renoir Price an.

Caly scheint das „Computerproblem“ zu verdauen; jedenfalls zeigt sie sich nicht weiter verärgert.

Ich werde Bene in der *„Casa Loca“* Pablitos davon verständigen, dass ich ihn demnächst besuchen will. Inzwischen soll dort auch Michael, anscheinend ein alter Bekannter von mir und Lili, logieren?

Für meine Lili, die alte Schnüffelnase, mache ich heimlich zehn Bilder vom Wohnbereich der Principessa *„Paolah“*. Das Wetter bleibt kontinuierlich mäßig; grauer Himmel, Nieseln, 17 Grad Celsius, stürmischer Wind! Caly fährt mit dem Staubsauger durch die Wohnung. Scheint nicht gut drauf zu sein? Ich weiß nicht, wie ich mich verhalten soll. Ich gehe jetzt einkaufen und lasse meinen neuen Pullover flicken; eine Naht ist aufgegangen. Danach werde ich gegen 13:40 Uhr einen kleinen Mittgasimbiss einnehmen und sehen, was passiert?!

Die Sonne schien, 28 Grad Celsius, aber ein heftiger Wind, der mich nach zwei Stunden vom Strand *„Las Teresita“* vertrieb.

Alles mit der Computerbrille sehen: die Welt ist (digitale?) Information?

Exzess auf der Geburtstagsfiesta von Maria Esther in *La Candelaria* mit einem Kuchenfrühstück heute Morgen. Auf zum *„Senderismo“* (Wandern), nur nicht verzagen!

Lili ist die tollste Frau auf der Welt! Sie ist rührend besorgt um mich. Ich liebe sie und genieße es, mit ihr zu telefonieren und ihr zu mailen. Ich bin ein Glückspilz, dass sie mich mag.

Es läuft nicht so, wie ich es mir vorstelle. Ich gebe zu viel Geld aus, arbeite zu wenig, bewege mich nicht genug, esse falsch, bin genervt und langweile mich. Das will ich von heute an wieder ändern! Ein ewiger Kampf.

Der *Senderismo* war mehr ein winziger Spaziergang, keine zwei Kilometer im Schneckengang mit einer Pause dazwischen. Caly, die Verräterin, hatte sich abgeseilt mit ihrem schwarzen Lover Mahmoud aus Guinea-Bissau, wollte mit ihrem *“Chico“* in den Süden *„al sol“* und was sonst noch alles. Treffpunkt wäre *„Cruz del Carmen“* gewesen und Caly beschloss, mich wenigstens dort abzuliefern. Es folgten Telefonate, bei denen sich herausstellte, dass alles schon wieder ganz anders war, wir sollten uns jetzt bei Juancar einfinden. Die *„Khabibis Bobitos“* (Juancar + Saida) lagen aber noch im Bett. Endloses Warten. Candela, ihr Ehegatte Diego und ihre Adoptivtochter erschienen nicht. Also erneutes Umplanen. Jetzt fuhr uns Caly zum „alten“ Treffpunkt, Cruz del Carmen, und verabschiedete sich nach einem Kaffee, den Juancar zu seinem Leidwesen bezahlen musste. Warten. Gegen 1 Uhr erschien die Familie. Dann wanderten wir gemächlich, langsamer als Schildkröten, vielleicht tausend Meter und pausierten mit Tee und Picknick. Nach fünfundvierzig Minuten ging es die tausend Meter zurück, ab ins Restaurant zum Mittagessen. Es gab eine Art Schlachtplatte. Danach fuhren wir in die ungemütlichste Cafeteria meines Lebens *„La Baranda"* in *El Sauzal*, ein Saal mit alten, aufgemotzten Schreckensgestalten, auf ein Tänzchen wartend. Eine 1-Mann-Partyband spielte auf. Wir tranken Kaffee, aßen Torten und Eis, und ich machte gute Miene zum bösen Spiel. Im Auto mussten wir mehrfach eine selbst produzierte CD von Candela anhören mit Märchen. Das ist gerade große Mode! Alles so nett und so dilettantisch. Alles in allem: der anstrengendste Sonntag des letzten Jahrzehnts. – Lili ist die tollste Frau auf der Welt!

Und die Samstagsfete mit Maria Esther zur Feier ihres 48. Geburtstages? Die Frau sang uns eine geschlagene Stunde lang indianische Lieder (heja-heja-hey) und buddhistisches *„Om-Gebrumme"* sehr laut in die strapazierten Ohren und erzählte uns dann auch – wie es der letzte Schrei hier befiehlt – mehrere Märchen. Dann wurde auch ich genötigt a capella zu singen, zierte mich nicht lange, um es hinter mich zu bringen und sang *„Les feuilles mortes"*[14]. Mahmadou, der sich vor allem für Fußball zu interessieren schien und die aktuellen Spiele die ganze Zeit über in der Glotze verfolgt hatte, sprang plötzlich, wie von der Tarantel gestochen, auf, fing an zu tanzen und grölte außer sich vor Begeisterung den Refrain mit. Danach stürzte er auf mich zu und fiel mir um den Hals. Allen Forderungen, ich möge noch mehr zum Besten geben, widerstand ich eisern. Gott sei Dank! Dafür aß ich und trank alles, was mir in den Rachen fiel. Kein Wunder, dass mich am nächsten Tag ein fürchterlicher Kater strafte. – Lili ist die tollste Frau auf der Welt!

Ich habe nun alle unsere Sachen aus der *Casa Loca* geholt und zu Caly transportiert. Das war schlimmer als ein Albtraum. Ein ganzes Taxi wurde voll davon, viel mehr Zeug als ich befürchtet hatte und das

---

[14] Joseph Kosma und Jacques Prévert, 1945; von Johnny Mercer aus dem Französischen übertragen: *Autumn Leaves*; Jazzstandard.

Meiste in Plastiktüten, teilweise beschädigt, ausgelaufene Sachen. Ich wirkte wie ein Penner bei seinem Umzug. Dann weigerte sich der Taxifahrer auch noch in die Fußgängerzone, wo ich wohne, hineinzufahren. Ich musste fünfhundert Meter vorher alles bei einem asiatischen Geschäft unterstellen, wo sie sich zuerst entschieden weigerten, das zuzulassen, dann *„rapido"*, im Lauftempo (fünf Gänge) alles in meine Straße schaffen. Und das Gesicht von Caly kann man sich gar nicht vorstellen, als ich mit dem vielen Zeug ankam. Nachdem ich meinen großen Koffer öffnete, ließ er sich nicht mehr schließen, Reißverschluss hin, den kann ich wegwerfen, aber wo? Und jetzt muss ich einen oder zwei neue kaufen und irgendwie zumindest teilweise mein Hab und Gut nach Berlin transportieren, wegwerfen, verschenken? Vorerst werde ich einige Zeit mit dem Durchsehen, Waschen, Putzen, Versorgen et cetera beschäftigt sein. Das Schlimmste ist, der Kram stinkt! Peinlich.

Bene war nett, hilfsbereit, auch dieser Michael war sympathisch, der *„Hijo"* ist unverkennbar ein Depp! Paula, eine Tschechin, mit der der *„Hijo"* etwas hat, ist auch behämmert. Die passen zuammen! Es sind noch ein paar andere, teils sympathisch, teils unsympathisch, vor Ort. Das Haus ist vorwiegend mit Langzeitbewohnern belegt. Auch jetzt wäre nur ein Zimmer neben der Küche frei für mich gewesen. Ich werde die Bande mal besuchen und Bier ausgeben, sobald ich wieder zu mir selbst gekommen bin.

Ich hatte einige Fotos herausgesucht und auf meinem USB-Stick (heißt hier *„Pen dry"*) abgespeichert, um sie dem *„Jefe"* (Alfonso) des Kunstzentrums (*La Alcova*, beim Teatro Guimara) als Proben zu zeigen. Der entscheidet dann, ob ich dieser Einrichtung auch würdig bin. Jetzt zweifle ich sehr, ob ich das auch machen werde. Ich muss erst einmal alles zurückstellen und mich um meinen Unrat und meine Sauereien kümmern. Und dann will ich schreiben und wandern, um meiner Trostlosigkeit Herr zu werden. Na ja, wird schon alles werden, sind halt Abenteuer des Alltags!

Oscar Ghiglias CD kam tatsächlich gestern an. Er spielt sehr fein und zugleich authentisch Bach in seiner eigenen Art; es berührt einen sehr!

Ich werde jetzt Wäsche waschen und das Bad putzen.

Es tut gut zu schreiben. Sechs Tage angefüllt mit Faulheit, Desorientiertheit, Langeweile sind zu viel. Traurig wurde ich auch, als mir am vergangenen Donnerstag bewusst wurde, dass sich tags darauf am Freitag, den 13. Februar 2009 zum 40. Mal der Todestag meines Vaters jähren würde. Er war sich mit Sicherheit nicht im Entferntesten darüber im klaren, dass er bald sterben müsse, am Schreibtisch zusammenbrechen, infolge seines Ärgers über ein Unrecht, das man ihm antat. Jetzt taucht Kurt Hans Sommermeyer vermehrt im Internet auf, vor allem seine U-Boot-Fahrt nach Labrador, aber auch seine Bücher, Aufsätze, Vorlesungsverzeichnisse. Es würde mich sehr wundern, wenn sich außer mir noch einer ähnliche Gedanken machte. Ich freue mich nach wie vor, dass in meiner Biographie in *„Anton"* möglichst viel von ihm geschrieben steht! Was er wohl zu all dem sagen würde?

Gestern Abend erlebte ich den Tiefpunkt und beschloss zu ändern, was ich zu ändern vermag. Was Santa Cruz zu bieten hat, habe ich eigentlich schon alles vor drei Jahren, während meiner ersten fünf Wochen, hier entdeckt. Die Parks *„Garcia Sanabria"* und *„La Granja"*, die Bibliotheken, die Ramblas, das Auditorio, mit meinem Schokoladenplatz am Meer, Wandern im Anaga Gebirge und am Teide, Las Teresitas und das Schwimmbad beim Estadio zum Schwimmen. *„La Gramola"* hat wie viele andere Läden dicht gemacht. Das bufete *„A Tu Gusto"* verliert zusehends an Qualität und an Gästen; wird es nächstes Jahr schon verschwunden sein? Caly (Abkürzung von Michaela) heißt eigentlich Concha (Abkürzung von Concepcion) und hatte nicht – wie sie erzählte – am vergangenen 21. Januar ihren 48. Geburtstag, sondern wurde am 4. Februar 49 Jahre alt! Von Juancar und Saida, die gerade Urlaub haben, hören wir nichts. Es mag ja für sie reizvoller sein, hier vorbeizuschauen, wenn sie arbeiten. Die Buchhhandlung *„La Isla de los Libros"*, wo beide arbeiten, ist in unserer unmittelbaren Nachbarschaft gelegen. Saida scheint sich für nichts anderes zu erwärmen als Konsum, die bestmögliche Ausstaffierung ihres Nestes. Juancar musste bei Banken und dann bei seinen Freunden Schulden machen, um ihre Ansprüche (Matratze für 1900 Euros!) zu befriedigen. *Los Khabibis Bobitos*! Und ein Ende ist nicht in Sicht, ein tolles Auto muss jetzt noch her. Mich haben sie bislang noch nicht angepumpt, abtastende Fragen nach meinen wirtschaftlichen Verhältnissen gab es aber schon.

Der doofe Mario, der in Santa Cruz regelmäßig Ausländer belästigt, hat mich unweit der La Granja-Bibliothek wieder einmal erwischt. Ich habe ihm ins Gesicht gesagt, dass ich ihn kenne und was er so treibt. Das hat ihn nicht beeindruckt, er hat nur blöde geguckt und weitergesabbelt.
Die Wände meines Zimmers bei Caly haben die gleiche Farbe und den Putz wie mein grünes Prophetenzimmer in der *Recidencia Los Principes* im Januar 2006. In meiner neuen Behausung habe ich auch ein großes Fenster (zum Innenschacht!); es ist größer, aber ich schaue nur auf Wände. Ja, Calys Wohnung ist dunkel und voller Wände. Gemütlichkeit ist etwas anderes! Aber sie ist nett; wenn ich jetzt eine Pause mache, bekomme ich bestimmt einen Kaffee?! Mal sehen, Probe aufs Exempel (09:27 Uhr) … – (09:41 Uhr) … – es hat geklappt, neben mir steht eine Tasse Milchkaffee.
Blauer Himmel, Sonne. Ich habe Lust auf einen Spaziergang, die Pilar rauf, durch den Garcia Sanabria Park, über die Ramblas zum La Granja Park und zur Bibliothek. Aber erst werde ich mit der Fortsetzung des *„Miami“* beginnen. Klar doch!

Ich werde mich nie daran gewöhnen, dass einen die Spanier anstarren, als wäre man nicht normal, wenn man Begriffe und Namen aus nichtspanischen Sprachen korrekt ausspricht, also Martin Luther, Johannes Calvin (Jean Cauvin), Ulrich Zwingli, und nicht etwa *„Martín Lutero“*, *„Juan Calvino“*, *„Ulrico Zwinglio“* sagt; normal sind für sie ihre Sprachverstümmelungen. Das gibt zu denken, was Menschen jeweils als *„normal“* erscheint!?

Im Literaturclub beschäftigen wir uns mit Häresie (haíresis „Wahl,

Auswahl“). Der Ketzer (καθαρος, katharós: rein; nach dem Namen der mittelalterlichen Bewegung der Katharer) Cipriano Salcedo ist Protagonist in Miguel Delibes’ letztem Roman von 1998 (*„El hereje”*). In drei Büchern (*„Los primeros años”*, *„La herejía”*, *„El auto de fe”*) wird sein ganzes Leben von 1517-1559 beschrieben. Ein unglückliches, verunglücktes Leben, voll von Katastrophen, immer auf der vergeblichen Suche nach Liebe, Freundschaft, Zuneigung. Ohne Mutter, mit einem Vater, der ihn hasst, seiner Amme Minervina Capa entrissen, ins Internat gesteckt, empfindet Cipriano nichts als Trauer, Einsamkeit, Wertlosigkeit. Seine Ehe mit der Bäuerin Teodomira Centeno scheitert an Kinderlosigkeit.
Dass er für seine Zeit ein fortschrittlich denkender Mann ist und geschäftlich Erfolg hat, macht ihn auch nicht glücklich. Geld freut ihn nicht; nach dem Tode seiner Frau „Teo“ verschenkt er sein Vermögen an die Armen. Er leidet unter Schuldgefühlen, für alles Elend ist er verantwortlich. Seinen Lebenssinn sucht er in der Religion und entwickelt eine große Neugier und Affinität für die reformerischen Ideen von Erasmus und Luther und schließt sich einer verborgen agierenden protestantischen Sekte an, in der er enge Freunde gewinnt, sich geschätzt und bedeutend fühlt. Die Inquisition verhaftet Mitglieder der Sekte, foltert sie, und Cipriano wird – entgegen all seinen Erwartungen – schließlich von ihnen verraten, beschließt sein Leben 1559 während eines Autodafés, einem öffentlich inszenierten, theatralischen Massenspektakel, auf dem Scheiterhaufen.
Eine Historie von *„desamor”* (Unliebe, Nichtliebe), Einsamkeit, Furcht und ihren Nachwehen! Es gibt aber auch Humor; Nachklänge von Gargantua und Pantagruel (Rabelais) und Tristram Shandy (Sterne)?

Die Spärlichkeit meiner Aufzeichnungen seit dem 18. Februar 2009 sind signifikant. Gegen Ende meines Aufenthaltes ziehe ich ein Resümee: *„Paradise Lost“*! Die Insel langweilt mich, Santa Cruz langweilt mich, die Einheimischen langweilen mich. Pure Ödnis, wenn nicht Ekel. Kultur dringt hier allenfalls millimetertief unter die Haut. Dort verharrt sie oberflächlich, bleibt marginal. Die Stadt gestalten die Einheimischen mit wenigen Ausnahmen hässlich. Der schrecklich moderne Stil der 50er und 60er Jahre ist ihr Evangelium.

Eine der wüsten Vorstädte einer beliebigen Metropole oder auch nur die sterile Hochhaussiedlung Landwasser in Freiburg erschiene jedem hier als schön und fortschrittlich, während die antiken herrlichen Stadtvillen eine nach der anderen zerfallen. Sie werden endlich abgerissen werden, um einem „modernen" Wohnblock Platz zu machen. Ausnahmen, deren es wenige gibt: das Auditorio, die neu gestalteten, zusammengefassten Plazas de la Candelaria/de España, die begrünten Straßenzüge, wo die Tranvia entlang fährt, einige wenige neue Häuser in moderner Architektur, die diesen Namen auch verdient, unweit des Parque de la Granja, und der remodellierte Parque Sanabria. Möglicherweise habe ich irgendwo, irgendwie, irgendwas vergessen, aber der Gesamtbefund ist so oder so niederschmetternd.
„Los Carnavales", die dieses Mal die letzten zehn Tage des Februars tobten, waren so grauenhaft, dass ich mir schwor, zu Karnevalszeiten Santa Cruz künftig zu meiden. Dreck, infantiles Gegröle, Gestank, Alkohol in Strömen. Dreihunderttausend Wilde strömten jede Nacht ins Zentrum und schissen und pissten es bis zum Morgengrauen voll, warfen, wenn sie es satt hatten, Coca Cola, Pizza, überhaupt Fastfood jeder Couleur durch die Gegend, fielen sich unentwegt trunken um den Hals, um sich ihrer Sympathie zu versichern und vögelten in jeder Ecke. Dazu lärmten aus jeder Richtung diverse lateinamerikanische Kapellen und marodierende Trommlerbanden, deren „Musiken" sich vereinigten zur universellen Kakophonie – disharmonia mundi! Völkisch viehisches Amüsement.
Frühmorgens durfte ich, der unbeteiligte Beobachter, Kot und Urin in der Nase, durch fünfhundert Tonnen ekelhaftesten Mülls waten. Nein, danke!
Leider entpuppte sich auch das Wetter in den letzten Wochen fast durchgehend als schlecht. Teneriffa scheint schon lange kein Garant mehr für Sonnenschein. Es regnete häufig, war windig und frisch. Unter diesen Umständen kann man leider nicht einmal ins wunderbare Anaga Gebirge ausweichen, um dort zu wandern. Mein Aufenthalt vom 11. bis 26. März in Berlin kam mir wie Ferien vor; bei den Zwischenstopps meiner Flüge erlebte ich Madrid im Sonnenschein, strahlend blauer Himmel, die Meuten im Retiro Parque mit nacktem Oberkörper im Gras, nur um schließlich bei dunklen Wolken und strö-

menden Regen auf Tenerife in Los Rodesos wieder zu landen; verkehrte Welt, alles verdreht!
Calys „Freund“ Mamoudou aus Guinea-Bissau hat sich entgegen ihres Statements zu ihrem *„novio“* (Verlobten; Liebesfreund) gemausert. Er ist bei ihr eingezogen, lebt mit ihr. Wie zu Faschingszeiten tauchte über Ostern wieder Tochter Paolah auf, deren erste Handlung es war, den schwarzen Lover der Mutter aus ihrem Bad zu werfen und davor ein rotes Herz mit der gelb eingestickten Botschaft: *„Prohibido!“* zu platzieren. Das Ungeheuer blockiert jetzt mein Bad und verstopft mit schwarzen Haarkringeln die Dusche. Da er ein netter Kerl zu sein scheint, und ich auf keinen Fall Rassist sein will, protestiere ich nicht!
Im Lektüreclub lasen sie in meiner Abwesenheit Balzacs *„Eugénie Grandet“*, ein Werk, welches in der ersten Sitzung nach meiner Wiederkunft kontrovers diskutiert wurde, von Seifenoper war sogar die Rede! Derzeit ist *„El jardin de las dudas“* von Fernado Savater dran, ein Briefroman, hinter dem sich die fiktive Autobiographie Voltaires versteckt, mit Ausblicken auf korrespondierende Verhältnisse in Spanien.

Am 2. April ging ich ins Auditorio zu einem Konzert von Larry Carlton. Der 61-jährige Gitarrist trat mit seinem Sohn am Bass und einem phänomenalen 24-jährigen schwarzen Schagzeuger auf. 80 Minuten lang inszenierte sich Carlton als perfekten Gitarristen, in allen Stilen daheim, virtuos, sauber, tonlich rein, leider fast steril, etwas zu glatt; vielleicht begann ich mich deswegen nach und nach zu langweilen.

Ich besuchte einige Male mit großen Erwartungen das Kino. Immer handelte es sich um von der Werbung spektakulär angekündigte, von der Kritik gepriesene, mit Preisen dekorierte, in Wirklichkeit aber – jammerschade – um unbedeutende Filmchen, die ich am nächsten Tag schon wieder halb vergessen hatte. Mit Vergnügen sah ich *„The Visitor“* von Tom McCarthy (USA, 2008) mit Richard Jenkins als 62-jähriger deprimierter Universitätslehrer Walter Vale aus der Provinz, der in New York seine menschlichen Erfahrungen mit illegalen Immigranten und seine unmenschlichen mit der amerikanischen Fremdenpolizei macht, sein abgestorbenes Klaviergeklimper aufgibt, um zum veritablen Trommler zu konvertieren, mit sich erneuernder Vitalität. Ein sanfter, realistischer Film in melancholischen Tönen.

Am Karfreitag erlitt ich eine filmische Sensation, bzw. das genaue Gegenteil davon oder beides?

Das Werk, 98 Minuten lang, *„El Cant dels Ocells"* (El Canto de los Pájaros/Der Gesang der Vögel) wurde 2008 auf den Filmfestivals in Cannes, San Sebastián und Split gezeigt und ist am 19. Dezember 2008 in Spanien uraufgeführt worden. Es stammt von einem gewissen Albert Serra. Gedreht wurde auf Gran Canaria, Tenerife, Frankreich und Island. Welch Moskito mochte nur den Verantwortlichen des Kinoprogramms des TEA (Tenerife Espacio de las Artes) gestochen haben, das „Ding" hier vorzuführen? Dreiunddreißig interessierte Zuschauer waren gekommen; nach zwanzig Minuten verließen drei den Saal, gefolgt in regelmäßigen Abständen von siebzehn weiteren. Immerhin einige hielten stand! Was ging da vor auf der Leinwand? Fast nichts! Dick und Doof (und Depp?) als heilige drei Könige aus dem Morgenland, in kuriose Gewänder gepackt, Kronen auf den Birnen, unterwegs zum Christkind. Das ganze in Schwarz-Weiß, nahezu tonlos, bis auf einige wenige Alltagsdialoge im Stile von *„Warten auf Godot"*. Die drei stapfen im Schneckengang allein durch die öde Welt, Sand- und Felsenwüsten, einen Wald. Außer den dreien taucht kurz ein Engel auf, in einem Baum sitzend, unter dem die drei lagern und sich über Albträume mit Engeln und Schlangen unterhalten. Ach ja, Maria, Josef, Jesus sowie ein weißes Lamm spielen noch ein bisschen mit. Es gibt kaum Schnitte, nur lange Totalen, teilweise fünfzehn Minuten lang. In der Szenerie rührt sich kaum etwas. Ein Luftzug, der gegen ein Gewand weht, wird zum Ereignis. Die Könige schrumpfen zusehends, weil sie aus großer Entfernung gezeigt werden, nur noch schemenhaft erkennbar, innerhalb vierzig Quadratzentimetern im Zentrum einer vielleicht vierundzwanzig Quadratmeter großen Leinwand leicht zappelnd. Alles gerät auf diesen Standbildern zum Stillstand. Ein Film, der Farbe eliminiert, Ton und Dialoge minimiert, bewegte Bilder unterdrückt; besser ein Antifilm, der die Gattung in radikaler Weise negiert. Wer das auszuhalten vermag, wird auf sich selbst zurückgeworfen, beginnt radikal zu sinnieren, während die Standbilder sich ihm unauslöschlich einprägen. So ein Zuschauer wird nicht mehr abgelenkt, von was auch immer, sondern konzentriert, meditiert und erlebt sinnlich spürbar das Verrinnen seiner Zeit. AufgehobeneTranszendenz?

Gestern sah ich fasziniert *Othello* in einer englischen Originalfassung (BBC-Produktion) und habe mir vorgenommen künftig jeden Monat wenigstens ein Werk von Shakespeare anzuschauen. Das ist eine Quelle purer Inspiration: Trivialität (Soap, Pulp Fiction) + Wortartistik (Literatur)! Am Sonntag lief im TEA *„Sommers Town"* von Shane Meadows (England, 2008) mit Songs von Gavin Clark. Morgen früh um 07:30 startet mein Flieger von Los Rodeos. Ich bin schon im Reisefieber. Ich höre jetzt auf, packe alles weg. Punktum und Schluss.

Januar 2006 - April 2009

Die Morena

Es ist eine Geschichte, die mir im Traum erzählt worden ist. Ich will versuchen, meinen Traum zu schildern. Den Traum von meiner großen dunklen Liebe. La Morena.
Ich wohnte seit Wochen in Madrid im fünften Stock eines riesigen grauen Hotels, ein Kasten, wie eine Festung inmitten der verwinkelten Straßen eines der eher armseligen Barrios der Stadt gelegen. Ich war nicht allein. Unsere Reisegruppe zählte zwölf Personen, die sich weder kannten noch liebten, noch sich füreinander interessierten. Wir waren nur zusammen unterwegs. Es war unser letzter Tag hier. Morgen, an einem Sonntag, sollte es weiter gehen. Ein elf Stunden langer Flug von Madrid-Barajas in ein unbekanntes Land. Vor unserer Abreise musste ich allerdings unbedingt noch eine DVD, eine CD und ein Buch, die ich mir ausgeliehen hatte, an verschiedene Zweigstellenbibliotheken zurückgeben. Und ich war eingeladen zu einem spanischen Freund, bei dem ich noch nie gewesen war. Das Straßengewirr Madrids bereitete mir große Mühe. Ich konnte mich kaum zurechtfinden. Schließlich erreichte ich eine der Bibliotheken und war erstaunt, als man mir erklärte, dass sie auch noch am nächsten Morgen, zwischen 6:00 und 8:00 Uhr aufhätten. Frohgemut ging ich weiter. Ich würde das spannende Buch fast bis zuletzt behalten und weiter lesen können und mich im Hotel nicht langweilen müssen. Mein Weg zu José Manuel, den alle Joséma nannten, erwies sich als schlangenhaft verwickelt. Immer wieder musste ich nachfragen. Hier herum, dort entlang. Bald hatte ich keine Ahnung mehr, wo ich war. Ich hatte

mich verirrt. Ich war verloren. Ich versuchte, die Richtung zu meinem Hotel einzuschlagen, fand den Weg zurück aber plötzlich versperrt. Gerade konnte ich noch links an dem unüberwindbaren Hindernis vorbei, erblickte jedoch eine steile, sandige Anhöhe, auf der sich Häuser drängelten mit einem nur schmalen Durchgang. Dort hinauf und hindurch sollte ich. Ich erinnerte mich jetzt, dass dahinter Joséma wohnte. Hunderte von Männern und Frauen versuchten bereits vergeblich die sandige Anhöhe zu erklimmen. Jeder wandte eine andere Technik an. Auf allen vieren krochen, krabbelten und robbten sie langsam empor. Manche legten sich auch ganz auf den Bauch, um sich Zentimeter für Zentimeter nach oben zu schieben und zu ziehen. Ich stand und wartete, bis ich an die Reihe kam. Anfangs war der Untergrund noch einigermaßen fest und ich kroch voran. Dann wurde es immer weicher, instabiler bröseliger und sumpfiger, sodass ich herumzappelte, immer wieder zurückrutschte und schließlich erschöpft liegen blieb. Ein vermenschlichter Katamaran schwebte vorüber. Nur Hände und Zehen berührten den nachgiebigen Untergrund. Elegant zischte er nach oben. Ich wollte schier verzweifeln. Das war nicht zu schaffen. Ich weinte. Jetzt erst bemerkte ich durch einen Tränenschleier, dass die Sandpiste links von einer schmalen Betonmauer eingefasst war. Ich bewegte mich, fast ganz nach unten rutschend, zur Seite, kletterte auf die Mauer und balancierte schwankend, vorsichtig einen Fuß vor den anderen setzend. Oben angekommen, entdeckte ich ein teichartiges Schwimmbecken mit Pflanzen und Fischen und Badegästen, die in vollkommener Stille, schweigend und unbeweglich herumlagen. Nur fünf Meter watete ich durchs seichte Wasser, erklomm wieder den Mauerrand und gelangte nach weiteren neunundneunzig Metern ans Ende. Es öffnete sich eine kleine, schmale Gasse, die *Calle* der Gitarrenbauer, und ich fand mich vor einem Haus wieder, aus dessen obersten Fenster mir Joséma sein Willkommen zurief. Er lud mich nicht zu sich ein. Ich wusste nicht, warum und wie mir geschah, aber mein Freund fackelte nicht lange, kam herunter, schnappte nach meinen rechten Arm und zog mich die abschüssige Gasse hinunter. Wir müssen zu Ramirez. Sieben Häuser weiter hielt er an, pochte an die Tür und schrie lauthals um Einlass. Ein altehrwürdiger Spanier, ein richtiger *Caballero* machte uns auf, begrüßte

Joséma freundlich, während er mich aufmerksam musterte. Wir wurden hereingebeten. Das ganze Haus war voll mit edlen Gitarren, deren bloßer Anblick schon erfreute. Wie mochten die erst klingen? Wir waren im Tempel des berühmtesten aller Gitarrenbauer. Es gab sogar eine Sammlung von Gitarren, die einst Segovia gespielt hatte. Auch die Hauser II war mit dabei. Wunderbare Instrumente. Trotz meiner leidenschaftlichen Begier, sie in die Hand zu nehmen, wagte ich es nicht einmal, auch nur eine davon zu berühren. Don Ramirez führte uns dann in sein Allerheiligstes, den großen Salon mit neun Türen. Durch jede Türe kamen Mitglieder seiner Familie und gesellten sich zu uns. Alle machten es sich nach ihrem eigenen Geschmack bequem in ausladenden weichen Sessel, Stühlen und auf Kissen. Erwartungsvolle, gespannte Aufmerksamkeit, als der Gitarrenbaukünstler aus einem reich verzierten alten Barockschrank einen schwarzen, silberbeschlagenen, mit Gold und Edelsteinen bedeckten Gitarrenkoffer nahm und ihn vor mich hinstellte.

„Öffne und spiel!“

Mir stockte der Atem. In was für eine Situation hatte Joséma mich da gebracht. Ich konnte mich mit den berühmten Gitarrevirtuosen, die beim Don ein und aus gingen, nicht vergleichen. Ich war nicht würdig! Ich würde mich fürchterlich blamieren und vor Scham in den Boden versinken. Billige Ausreden waren jedoch nicht möglich. Ich konnte mich nicht mehr drücken. Die erwartungsvollen Gesichter rings herum, die gespannten Haltungen, die bedeutungsgeschwängerte Stille ließen mir keine Wahl. Mein naher Untergang war also unausweichlich. Meine Finger würden versagen, stolpern, ausgleiten, sich verfangen. Misstöne würde ich produzieren, sonst nichts.

Zögernd öffnete ich ganz langsam das Futteral und nahm das Instrument heraus. Dunkle, fast schwarze Hölzer, länger als gewöhnlich, ein ausgeprägter Korpus, ein schlanker Hals, weiblich, sich mir entgegen neigend, Als ich sie an mich nahm, schien es mir fast, als ob sie mich empfänge. Schon beim bloßen Anfassen wurde mir anders. Das Instrument fühlte sich an wie Samt oder Haut. War das überhaupt Holz? Und nirgends waren Bünde, ein glattes Griffbrett. Sanft strich ich über seine Saiten. Ein Klang wie aus einer anderen, besseren

Welt! Ich erschrak, die fünfte Saite verkehrt herum – das h – fehlte. Das Herz? Ich wandte mich an den Don, doch der schüttelte nur stumm sein Haupt. Ich begann zu spielen. Ich improvisierte eigene Melodien, Gehörtes, was mir gerade so einfiel, und plötzlich hatte Joséma eine Violine in der Hand, auf der er mich wundersam begleitete. So hatte ich bisher noch nie Musik gehört, geschweige denn machen können. Es war mir auch, als ob ich gar nicht selbst, sondern eine unbekannte Kraft durch mich hindurch spielen würde.

Überirdische Klänge. Und ich weiß auch gar nicht wie, es scheint mir selbst unglaubhaft zu sein, aber es ist die reine Wahrheit. Mitten in meinem Gitarrespiel wuchs unter meinen bebenden, zupfenden Fingern aus dem Griffbrett der *Dunklen* die fehlende h-Saite. Ich griff nach ihr, bezog sie in mein Spiel ein, und nicht nur die Musik und der Klang wurden, obwohl fast unvorstellbar, noch brillanter und herrlicher, sondern mein Inneres verwandelte sich währenddessen, meine Gefühle wurden sichtbar, mein gefangenes Herz wurde leicht und frei. Ich kann kaum sagen, wie lange wir so spielten. Aber als wir schließlich aufhörten, brach ein unbeschreiblicher Jubel los. Stumm vor lauter innerer Bewegung legte ich *La Morena*, die Dunkle, wie ich sie für mich während meines Spiels im Geheimen getauft hatte, in den Gitarrenkoffer zurück, klappte ihn zu und wollte ihn dem Don geben.

„Behalte sie!“
„Ich hätte sie gerne, aber ich könnte sie nie bezahlen!“
„Sie ist unverkäuflich.“
„Aber?“
„Sie gehört Dir.“
„Warum?“
„Behalt' sie einfach!“

Und ich erwachte.

Küss' mich, Sisyphus!

Sisyphus ist schweißüberströmt. Er badet in seinem besonderen Körpersaft, der ihn mit einem säuerlich penetranten Geruch umgibt. Verzeihung, nein, er stinkt danach! Seine Muskeln glänzen im Morgenlicht. Sein ganzer Habitus wirkt verzweifelt. Gramgebeugt stemmt er sich gegen den Fels, schiebt ihn ganze siebenundzwanzig Zentimeter vorwärts, dem Gipfel zu. Der harte Unempfindliche wehrt sich.

„Scheiß-Stein, bleib endlich oben“, keucht er. Der riesige Findling knirscht und dröhnt und bebt grollend, ein Despot, der weder dem Leblosen den Tod, noch jenen, die atmen, das Leben gönnt. Halb drückt, halb rollt Sisyphus das Mordsding höher. Der Berggipfel ist nah. Das Gestein widerstrebt. Na klar, eigensinnig will das schon jetzt wieder nach unten, mit aller Macht, die ihm innewohnt, eingepflanzt von einem Mächtigeren. Gleich würde es anfangen, loszurollen und er müsste hinterher, hinunter, alles begänne von vorn, zum

777777777777777778ten Mal.

Wie müde Sisyphus ist! Ihm träumt vom fernen, schattigen Garten mit dem durchsichtigen, reinen, plätschernden Wasser. Ein Esel umkreist unablässig den alten Brunnen, das Geheimnis der Welt in seiner besiegelten Miene.

Sisyphus hasst den Stein, verabscheut ihn. Er ist seiner überdrüssig. Trauriger Furz. Rumpsss! Er weiß, bald bekommt er gelbe und grüne

Flecken und schwärende Zähren am Leib. Das würde erst unten im Tal nachlassen. Immer und immer das Gleiche. Ewig derselbe Ablauf, die gleiche Pein.

Heute jedoch, kurz vor der Vollendung, erscheint etwas verändert. Aber was? Sisyphus bemerkt seltsam, unerwartet Süßes in der Luft. Sein Penis zuckt. Es schwebt etwas sanftes, köstlich leichtes über seinem alles durchdringenden, alles umhüllenden ranzigen Mief. *„Wann hätte ich mich je säubern können?“*, denkt er. *„Dazu war nie Zeit, seit Jahrtausenden nicht. Ich musste den Felsen nach oben rollen. Tagaus, tagein, Jahr für Jahr, in alle Ewigkeit. Rollen und Rollen, nur Rollen. I'm the rolling man with a rolling stone“*, grölt er seibernd, mit seiner Drangsal hadernd, ratschend. *„Niemand denkt auch nur im Traum daran, ich sei ein prominenter alter Grieche. All' die primitiven, rohen Sonntagsausflügler, denen ich am Berg begegne, halten mich für einen ordinären, unbedeutenden Fließbandarbeiter des letzten Jahrhunderts. Dabei war ich der rechtmäßige König von Korinth, der schlaueste aller Menschen, Vater des listigen Odysseus, Großvater von Bellerophon, der einst Pegasus ritt, die Chimäre umbrachte, in den Olymp fliegen wollte. Nie war ich ein Räuber oder Mörder. Meinen Bruder liebend, den Tod überlistend, vermehrte ich den Zorn in der Welt. Niemands Privatheiliger! Nur einmal, als Orpheus zur Gitarre sang, schlief ich auf meinem Stein. Zeus, Hades, lasst mich endlich gehen, macht mich arbeitslos! Reiner Anachronismus! Jede Maschine kann das besser als ich!“*

Nur noch fünfundfünfzig Zentimeter, dann stürzt der Fels wieder dem Tale zu. Kein Windhauch regt sich. Von heiterer Bläue glänzt der Stein. Sisyphus hört himmlische Töne, hell und hold. Der süße Duft verstärkt sich. Sein Glied wird hart, beginnt sich aufzurichten. Und neben ihm, aus dem luftigen Nichts, tanzt eine *dea ex machina*, eine erstaunlich schöne Frau. Nackt.

„Küss' mich, Sisyphus!“, befiehlt sie ihn becircend, zauberisch sanft, betörend singend. *„Großprahlender Struntzer, wehelender Liebhaber, sei weise, lass mich dich erfreuen!“*

„Ich hab' jetzt keine Zeit, nicht eine Sekunde. Gleich rollt der Stein,

ich muss hinterher, dann wieder mit ihm hinauf, noch einmal und noch einmal, schon wieder und wieder und immer so weiter", murrt Sisyphus. Er ächzt wie ein in den Brunnen gefallener, in seiner Brunst verendender Orgelbock.

„Für die Liebe muss Zeit sein", girrt das schöne Wesen. Sisyphus heult auf: *„Nein, nicht, solange der Stein abhaut, dann strömt nichts, rein gar nichts. Löse mich, dann werde ich Dich lieben! Wer bist Du überhaupt? Wo kommst Du her? Was willst Du von mir? Deine Töne tun mir in den Zähnen weh!"*

„Ich heiße Sirene und wandle in der Winkelwelt. Küss' mich, Sisyphus!"

Sisyphus lässt seinen Stein los, liebkost heißblütig die Sirene. Der Fels rührt sich nicht. Was für ein berauschendes Gefühl. Der volle Mund mit den weichen Lippen, süß wie Honigseim, ihr ätherischer Atem, die Kehle glatter als Öl, sein aufgehender Penis, steifer und höher emporgereckt als der Königszepter des Donnerers oder der Dreizack von Poseidon. Entfesselte Leidenschaft. Schließlich gibt sein Mund ihren Mund frei, während seine Hände über ihren Körper gleiten. Im selben Moment setzt sich der Stein in Bewegung, beginnt bergab zu rollen, zieht Sisyphus nach.

„Halt! Das darfst du nicht! Küss' mich, Sisyphus! Du musst mich immerfort abküssen! Ohne Unterbrechung! Sonst nichts. Wenn Du mir zu nahe kommst, gleite ich dahin und der Stein poltert – wie du siehst – hinab, schleift dich hinter sich her. Du bist an ihn gefesselt. Das weißt du doch, du kennst das Spiel, alles beginnt von vorn. Immer wieder. Also, Küsse mich, Sisyphus! Schnäble! Kose! Schmuse! Turtle! Bussle! Küss' mich!"

Sisyphus versteht. Er versucht es mit einem sanften Anschleichkuss. Der Stein stoppt. *„Na also"*, denkt Sisyphus, *„lieber diese sinnliche Sirene küssen, als immer und ewig einen abstoßend schauderhaften Klotz treiben, mich am gräulich, unselig kalten Granit reiben ..."*

Schon 777 Jahre später hat Sisyphus genug vom Sirenen-Minnedienst, von der Küsserei, von Lippen und Zungen, das ewige Befehlsgetue

„Küss' mich, Sisyphus!“ satt. Ihm tun Schwanz und Eier weh, sein Mund ist geschwollen, überflutet von blutigem Schweiß. Ein Rätsel nur, wie und warum das Bluten sporadisch aufhörte? Heilte der Speichel der Sirene?

„Wann wird es dir zu guter Letzt hinkommen?“, schimpft er, brabbelnd zwischen tausend, ineinander verschlungenen Küssen. *„Du bist bitterer als Galle!“* Warum nur durfte er nie pausieren? Ach ja, der Stein war nicht weit und drohte, bei der geringsten Unterbrechung hinab zu stürzen!

„Küss' mich, Sisyphus!“, schon wieder.

„Verflucht, können wir nicht einmal, ein einziges Mal ...“, gackst er, wegen des niederträchtigen Felsens sorgfältig darauf achtend, dass sich beim Sprechen ihre Lippen nicht voneinander losmachten.

„Fick mich, Sisyphus!“

„Ah, endlich. Zeus sei Dank!“

Sisyphus nimmt vorsichtig seinen strapazierten Mund, seine verwickelte Zunge und die geschwollenen Lippen aus dem Gesicht der Sirene und treibt ihr erleichtert aufstöhnend seine lang wartende Rute zwischen die Beine, tief hinein in das feurig feuchte Geschlecht. *„Wie leicht das geht, so ätherisch.“* Er spürt, gleich würde er losjauchzen. Die Sirene schreit, winselt, stöhnt: *„Fick mich, Sisyphus! ... bürste mich!... nagle mich!“* Und greint dann: *„Bitte langsam, bitte komm nicht, auf keinen Fall, das darfst Du nicht, sonst kommt der Findling ... ins Rollen ... niemand kann ihn hindern ... Du kommst hinterher, Du weißt schon ... von hinten ... fick mich, Sisyphus! ... liiiebe mich! niiiiiiicht aufhören ... vögle mich, Sisyphus! ... sonst purzelt der Fels ... fick mich! ...*

AHO-O-O-O-O-O-O-yyyyy! ...“.

Die Sirene kommt allein, unaufhörlich, in einem fort, zittert, bibbert, bebt, wackelt, zappelt, wogt, brandet, tobt, jappt, jault, schnarrt, jammert, surrt, schnurrt, krächzt, leiert, windet sich wie eine Kobra, beißt in den Schwanz, schlägt auf Sisyphus ein, kratzt, reißt ihm seine Haut in Fetzen.

„Fick mich, Sisyphus! ... abgrundtiiief! ... hör nicht auf! ... grenzenlooos! ... Ohe-e-e-e-e-e-e-e-e-e-e, komm nicht! ... laaaaangsam! ... I can't get no satisfaction ... Rolling Stones ... pardon, ein Witz ... ich mein' es gut, halt, der Stein rumpelt ... lass das nicht zu ... verlier nicht ... fick mich,

laHOlaha-a-a-a-a-a-a-ah!"

Seit 77 Jahren überlegt Sisyphus nun hin und her, was er tun soll? *„Stein oder Liebe, küssen oder ficken, Liebe oder Stein? Pech in der Liebe, Glück beim Spiel ... wenn doch bloß ein Würfelspieler käme? ... würfeln mit einem durchlöcherten Becher ...?"*

Sisyphus war immer ein richtiger Mann! Das ist sein Pech. Richtige Männer konnten beim Ficken noch nie klar denken ...

B u c h a n z e i g e

Nova Giulianiad
Saitenblätter für die Gitarre und Laute
Herausgegeben von Joerg Sommermeyer
i. V. m. d. Internationalen Gitarristischen Vereinigung
ISSN: 0254-9565
Orlando Syrg, Freiburg i. Brsg., 1983-1988

Josefa Gerhäuser
Leben will ich
Gedichte und Assoziationen
Herausgegeben von JS (Joerg Sommermeyer)
Orlando Syrg Taschenbuch, OrSyTa 12002, Freiburg i. Brsg. 2002

Joerg Sommermeyer
Anton Unbekannt
Pathoaphysischer Antiroman
Tragigroteskenfragment
Herausgegeben von Georg J. Feurig-Sorgenfrei
Orlando Syrg Taschenbuch, 1. Aufl., OrSyTa 12009, Berlin 2009

Joerg K. Sommermeyer (Hg.)
Balleinrubin: Ball, Einstein, Rubiner
Hugo Ball: Tenderenda der Phantast
Carl Einstein: Bebuquin oder die Dilettanten des Wunders
Ludwig Rubiner: Gedichte, Kritiken, Manifeste
Herausg. u. mit einem Nachwort versehen von Joerg K. Sommermeyer
Orlando Syrg Taschenbuch, 1. Aufl., OrSyTa 12017, Berlin 2017

Franz Treller
Nikunthas, König der Miami
Eine Abenteuererzählung aus Nordamerika
Anhang: **Indianer-Gedanken** von Oskar Panizza
und **Die blaue Schlange** von Fritz von Ostini
Vollst. rev. und neu bearb. von Georg J. Feurig-Sorgenfrei
Hrsg. und mit einem Nachw. vers. von Joerg Sommermeyer
Kollektion Abenteuer- & Reiseerzählungen / KAR 1
Orlando Syrg Taschenbuch, 1. Aufl., OrSyTa 22009, Berlin 2010
2. Aufl., OrSyTa 22017, Berlin 2017

Joerg K. Sommermeyer

Vernimm mein Schreien

Pathoaphysischer Antiroman

Tragigroteskenfragment

Herausgegeben von Georg J. Feurig-Sorgenfrei

Orlando Syrg Taschenbuch, 2. durchgesehene, verbesserte und um einen Anhang erweiterte Auflage von *Anton unbekannt*, OrSyTa 32017, Berlin 2017

3. Auflage, Neufassung, OrSyTa 112018, Berlin 2018

Joerg K. Sommermeyer

Lieblingsmärchen

[Andersen, 1001 Nacht, von Arnim, Bechstein, Brentano, de la Motte Fouqué, Brüder Grimm, Hauff, Hebel, Hoffmann, Hofmannsthal, Keller, Mörike, von Sternberg, Stevenson, JS, Storm]

Ausgewählt, zusammengestellt, durchgesehen und revidiert, herausgegeben und mit einem Nachwort versehen von Joerg K. Sommermeyer

Kollektion Abenteuer- & Reiseerzählungen / KAR 2

Orlando Syrg Taschenbuch, 1. Aufl., OrSyTa 42017, Berlin 2017

2. erweiterte Auflage, OrSyTa 22018, Berlin 2018

Joerg K. Sommermeyer (Hg.)

Franz Kafkas Romane

Der Verschollene (Amerika), Der Prozess, Das Schloss

Durchgesehen, revidiert und herausgegeben von Joerg K. Sommermeyer

Reihe alte Tradition Azurcelesteblueoscuro / RAT ACBO 1

Exemplarische Werke der Weltliteratur

Orlando Syrg Taschenbuch, 1. Aufl., OrSyTa 52017, Berlin 2017

Joerg K. Sommermeyer (Hg.)

Franz Kafkas Erzählungen

Durchgesehen, revidiert und und mit einem Nachwort herausgegeben von Joerg K. Sommermeyer

Reihe alte Tradition Azurcelesteblueoscuro / RAT ACBO 2

Exemplarische Werke der Weltliteratur

Orlando Syrg Taschenbuch, 1. Aufl., OrSyTa 12018, Berlin 2018

Joerg K. Sommermeyer (Hg.)
Heinrich von Kleists Erzählungen, Anekdoten und Essays
Durchgesehen, revidiert und mit einem biographischen Abriss
herausgegeben von Joerg K. Sommermeyer
Reihe alte Tradition Azurcelesteblueoscuro / RAT ACBO 3
Exemplarische Werke der Weltliteratur
Orlando Syrg Taschenbuch, 1. Aufl., OrSyTa 32018, Berlin 2018

Joerg K. Sommermeyer (Hg.)
Christian Morgensterns Galgenlieder und Palmström
Durchgesehen, revidiert und mit einem biographischen Abriss
herausgegeben von Joerg K. Sommermeyer
Reihe alte Tradition Azurcelesteblueoscuro / RAT ACBO 4
Exemplarische Werke der Weltliteratur
Orlando Syrg Taschenbuch, 1. Aufl., OrSyTa 42018, Berlin 2018

Joerg K. Sommermeyer (Hg.)
Robert Müllers Tropen
Der Mythos der Reise
Urkunden eines deutschen Ingenieurs
Durchgesehen und revidiert, herausgegeben
und mit einem Nachwort versehen
von Joerg K. Sommermeyer
Kollektion Abenteuer- & Reiseerzählungen / KAR 3
Orlando Syrg Taschenbuch, 1. Aufl., OrSyTa 52018, Berlin 2018

Joerg K. Sommermeyer (Hg.)
Taugenichts et cetera
Eichendorff, Chamisso, Büchner
Aus dem Leben eines Taugenichts
Peter Schlemihls wundersame Geschichte
Lenz
Durchgesehen, revidiert und mit einem Nachwort
herausgegeben von Joerg K. Sommermeyer
Reihe alte Tradition Azurcelesteblueoscuro / RAT ACBO 5
Exemplarische Werke der Weltliteratur
Orlando Syrg Taschenbuch, 1. Aufl., OrSyTa 62018, Berlin 2018

Joerg K. Sommermeyer (Hg.)
Künstlerbetrachtungen
Diderot, Wackenroder, Hoffmann
Rameaus Neffe, Joseph Berglinger, Johannes Kreisler, Kater Murr
Durchgesehen, revidiert und mit einem Nachwort
herausgegeben von Joerg K. Sommermeyer
Reihe alte Tradition Azurcelesteblueoscuro / RAT ACBO 6
Exemplarische Werke der Weltliteratur
Orlando Syrg Taschenbuch, 1. Aufl., OrSyTa 72018, Berlin 2018

Joerg K. Sommermeyer (Hg.)
Rainer Maria Rilkes Gedichte
Stunden-Buch, Buch der Bilder, Neue Gedichte, Der neuen Gedichte anderer Teil,
Requiem, Das Marien-Leben, Duineser Elegien, Die Sonette an Orpheus
Durchgesehen, revidiert und mit einem Nachwort
herausgegeben von Joerg K. Sommermeyer
Reihe alte Tradition Azurcelesteblueoscuro / RAT ACBO 7
Exemplarische Werke der Weltliteratur
Orlando Syrg Taschenbuch, 1. Aufl., OrSyTa 92018, Berlin 2018

Joerg K. Sommermeyer (Hg.)
Rainer Maria Rilkes Prosa
Dichtungen in Prosa, Die Weise von Liebe und Tod des Cornets Christoph Rilke,
Die Aufzeichnungen des Malte Laurids Brigge, Erzählungen und Skizzen,
Geschichten vom lieben Gott, Auguste Rodin, Aufsätze und Besprechungen
Durchgesehen, revidiert und mit einem Nachwort
herausgegeben von Joerg K. Sommermeyer
Reihe alte Tradition Azurcelesteblueoscuro / RAT ACBO 8
Exemplarische Werke der Weltliteratur
Orlando Syrg Taschenbuch, 1. Aufl., OrSyTa 102018, Berlin 2018

Joerg K. Sommermeyer (Hg.)
Drei alte Erzählungen
Die Judenbuche (Droste-Hülshoff), Die schwarze Spinne (Gotthelf),
Krambambuli (Ebner-Eschenbach)
Durchgesehen, revidiert und mit einem Nachwort
herausgegeben von Joerg K. Sommermeyer
Reihe alte Tradition Azurcelesteblueoscuro / RAT ACBO 9
Exemplarische Werke der Weltliteratur
Orlando Syrg Taschenbuch, 1. Aufl., OrSyTa 122018, Berlin 2018

Joerg K. Sommermeyer (Hg.)

James Fenimore Coopers The Last of the Mohicans
Der letzte Mohikaner

A Narrative of 1757 / Eine Erzählung aus dem Jahre 1757
Deutsch nach der Übersetzung von J. F. L. Tafel,
revidiert und neu bearbeitet von Georg J. Feurig-Sorgenfrei
Herausgegeben und mit einem Nachwort versehen
von Joerg K. Sommermeyer
Kollektion Abenteuer- & Reiseerzählungen / KAR 4
Orlando Syrg Taschenbuch, 1. Aufl., OrSyTa 132018, Berlin 2018

Joerg K. Sommermeyer (Hg.)

Johann Wolfgang von Goethes
Reineke Fuchs

Durchgesehen, revidiert und mit einem Nachwort
herausgegeben von Joerg K. Sommermeyer
Reihe alte Tradition Azurcelesteblueoscuro / RAT ACBO 10
Exemplarische Werke der Weltliteratur
Orlando Syrg Taschenbuch, 1. Aufl., OrSyTa 142018, Berlin 2018

Joerg K. Sommermeyer (Hg.)

Heinrich Heines Romanzero nebst Lieblingsballaden
von Goethe, Schiller und anderen

Ausgewählt, durchgesehen, revidiert und mit einem Nachwort
herausgegeben von Joerg K. Sommermeyer
Reihe alte Tradition Azurcelesteblueoscuro / RAT ACBO 11
Exemplarische Werke der Weltliteratur
Orlando Syrg Taschenbuch, 1. Aufl., OrSyTa 152018, Berlin 2018

Joerg K. Sommermeyer (Hg.)

Eduard von Keyserlings Prosa
Ausgewählte Werke I

Beate und Mareile, Schwüle Tage, Dumala, Wellen, Abendliche Häuser
Durchgesehen, revidiert und mit einem biographischen Abriss
herausgegeben von Joerg K. Sommermeyer
Reihe alte Tradition Azurcelesteblueoscuro / RAT ACBO 12
Exemplarische Werke der Weltliteratur
Orlando Syrg Taschenbuch, 1. Aufl., OrSyTa 162018, Berlin 2018

Joerg K. Sommermeyer (Hg.)

August Stramms Gedichte

Du. Liebesgedichte; Die Menschheit; Weltwehe; Tropfblut. Gedichte aus dem Krieg

Durchgesehen, revidiert und mit einem biographischen Abriss herausgegeben von Joerg K. Sommermeyer
Reihe alte Tradition Azurcelesteblueoscuro / RAT ACBO 13
Exemplarische Werke der Weltliteratur
Orlando Syrg Taschenbuch, 1. Aufl., OrSyTa 172018, Berlin 2018

Joerg K. Sommermeyer (Hg.)

Joseph Conrads Heart of Darkness
Herz der Finsternis

Englisch und Deutsch

Deutsch nach der Übersetzung von Ernst Wolfgang Freißler, revidiert und neu bearbeitet von Georg J. Feurig-Sorgenfrei
Herausgegeben und mit einem Nachwort versehen von Joerg K. Sommermeyer
Kollektion Abenteuer- & Reiseerzählungen / KAR 5
Orlando Syrg Taschenbuch, 1. Aufl., OrSyTa 182018, Berlin 2018

Joerg K. Sommermeyer (Hg.)

Münchhausen und Lukian

Bürgers Münchhausen und Lukians Bericht phantastischer Begebenheiten

Durchgesehen, revidiert, neu bearbeitet
(Lukian basierend auf der Übersetzung von August Friedrich Pauly),
herausgegeben und mit einem Nachwort versehen, von Joerg K. Sommermeyer
Kollektion Abenteuer- & Reiseerzählungen / KAR 6
Orlando Syrg Taschenbuch, 1. Aufl., OrSyTa 192018, Berlin 2018

Joerg K. Sommermeyer (Hg.)

Johann Wolfgang von Goethes Prosa
Ausgewählte Werke I

Die Leiden des jungen Werther, Briefe aus der Schweiz, Die Wahlverwandtschaften, Novelle

Durchgesehen, revidiert und mit einem Nachwort herausgegeben von Joerg K. Sommermeyer
Reihe alte Tradition Azurcelesteblueoscuro / RAT ACBO 14
Exemplarische Werke der Weltliteratur
Orlando Syrg Taschenbuch, 1. Aufl., OrSyTa 12019, Berlin 2019

Joerg K. Sommermeyer (Hg.)

Johann Wolfgang von Goethes Prosa
Ausgewählte Werke II

Wilhelm Meisters Lehrjahre

Durchgesehen, revidiert und herausgegeben
von Joerg K. Sommermeyer
Reihe alte Tradition Azurcelesteblueoscuro / RAT ACBO 15
Exemplarische Werke der Weltliteratur
Orlando Syrg Taschenbuch, 1. Aufl., OrSyTa 22019, Berlin 2019

Joerg K. Sommermeyer (Hg.)

Johann Wolfgang von Goethes Prosa
Ausgewählte Werke III

Unterhaltungen deutscher Ausgewanderten,
Wilhelm Meisters Wanderjahre

Durchgesehen, revidiert und herausgegeben
von Joerg K. Sommermeyer
Reihe alte Tradition Azurcelesteblueoscuro / RAT ACBO 16
Exemplarische Werke der Weltliteratur
Orlando Syrg Taschenbuch, 1. Aufl., OrSyTa 32019, Berlin 2019

Joerg K. Sommermeyer (Hg.)

Johann Wolfgang von Goethes Prosa
Ausgewählte Werke IV

Dichtung und Wahrheit,
Belagerung von Mainz

Durchgesehen, revidiert und herausgegeben
von Joerg K. Sommermeyer
Reihe alte Tradition Azurcelesteblueoscuro / RAT ACBO 17
Exemplarische Werke der Weltliteratur
Orlando Syrg Taschenbuch, 1. Aufl., OrSyTa 42019, Berlin 2019

Joerg K. Sommermeyer (Hg.)

August Klingemanns Nachtwachen
von Bonaventura

Durchgesehen, revidiert und herausgegeben
von Joerg K. Sommermeyer
Reihe alte Tradition Azurcelesteblueoscuro / RAT ACBO 18
Orlando Syrg Taschenbuch, 1. Aufl., OrSyTa 52019, Berlin 2019

Joerg K. Sommermeyer (Hg.)

Gustav Sacks Romane

Ein verbummelter Student, *Paralyse*, *Ein Namenloser*

Durchgesehen, revidiert und mit einem Nachwort
herausgegeben von Joerg K. Sommermeyer
Reihe alte Tradition Azurcelesteblueoscuro / RAT ACBO 19
Orlando Syrg Taschenbuch, 1. Aufl., OrSyTa 62019, Berlin 2019

Joerg K. Sommermeyer

Vernimm mein Schreien

Pathoaphysischer Antiroman
Tragigroteskenfragment
Herausgegeben von Georg J. Feurig-Sorgenfrei
Jubiläumsausgabe / Hardcover
[3. durchgesehene, verbesserte und um einen Anhang
erweiterte Auflage von *Anton unbekannt*]
OrSyTa 72019, Berlin 2019

Joerg K. Sommermeyer (Hg.)

Friedrich Schillers Prosa
Ausgewählte Werke I

Eine großmütige Handlung, Der Geisterseher,
Der Verbrecher aus verlorener Ehre, Spiel des Schicksals und anderes

Durchgesehen, revidiert und mit einem Nachwort
herausgegeben von Joerg K. Sommermeyer
Reihe alte Tradition Azurcelesteblueoscuro / RAT ACBO 20
Exemplarische Werke der Weltliteratur
Orlando Syrg Taschenbuch, 1. Aufl., OrSyTa 82019, Berlin 2019

Joerg K. Sommermeyer (Hg.)

Johann Karl Wezels Satiren

Kakerlak oder die Geschichte eines Rosenkreuzers,
Satirische Erzählungen

Durchgesehen, revidiert und herausgegeben
von Joerg K. Sommermeyer
Reihe alte Tradition Azurcelesteblueoscuro / RAT ACBO 21
Orlando Syrg Taschenbuch, 1. Aufl., OrSyTa 92019, Berlin 2019

Joerg K. Sommermeyer (Hg.)

Heinrich Heines Versepen, Erzählprosa und Memoiren
Ausgewählte Werke I

Atta Troll, Deutschland. Ein Wintermärchen, Aus den Memoiren des Herren von Schnabelewopski, Florentinische Nächte, Der Rabbi von Bacherach, Geständnisse, Memoiren

Durchgesehen, revidiert und mit einem Nachwort
herausgegeben von Joerg K. Sommermeyer
Reihe alte Tradition Azurcelesteblueoscuro / RAT ACBO 22
Exemplarische Werke der Weltliteratur
Orlando Syrg Taschenbuch, 1. Aufl., OrSyTa 102019, Berlin 2019

Joerg K. Sommermeyer (Hg.)

Heinrich Heines Reisebilder
Ausgewählte Werke II

Briefe aus Berlin, Über Polen, Reisebilder I-IV

Durchgesehen, revidiert und mit einem biographischen Abriss
herausgegeben von Joerg K. Sommermeyer
Reihe alte Tradition Azurcelesteblueoscuro / RAT ACBO 23
Exemplarische Werke der Weltliteratur
Orlando Syrg Taschenbuch, 1. Aufl., OrSyTa 112019, Berlin 2019

Joerg K. Sommermeyer (Hg.)

Heinrich Heines Gedichte
Ausgewählte Werke III

Buch der Lieder, Neue Gedichte,
Aus den Jahren 1853 und 1854, Sonstiges / Posthum

Durchgesehen, revidiert und mit einem Biographischen Abriss
herausgegeben von Joerg K. Sommermeyer
Reihe alte Tradition Azurcelesteblueoscuro / RAT ACBO 24
Exemplarische Werke der Weltliteratur
Orlando Syrg Taschenbuch, 1. Aufl., OrSyTa 122019, Berlin 2019

Joerg K. Sommermeyer (Hg.)

Heinrich Heines Über Deutschland, Essays und Pamphlete
Ausgewählte Werke IV

Die romantische Schule, Zur Geschichte der Religion und Philosophie in Deutschland, Elementargeister, Die Götter im Exil, Schwabenspiegel, Ludwig Börne

Durchgesehen, revidiert und mit einem Biographischen Abriss
herausgegeben von Joerg K. Sommermeyer
Reihe alte Tradition Azurcelesteblueoscuro / RAT ACBO 25
Exemplarische Werke der Weltliteratur
Orlando Syrg Taschenbuch, 1. Aufl., OrSyTa 132019, Berlin 2019

Joerg K. Sommermeyer (Hg.)

Heinrich Heines Essays über Frankreich
Ausgewählte Werke V

Französische Maler, Französische Zustände,
Über die Französische Bühne, Lutetia,

Durchgesehen, revidiert und mit einem Biographischen Abriss herausgegeben von Joerg K. Sommermeyer
Reihe alte Tradition Azurcelesteblueoscuro / RAT ACBO 26
Exemplarische Werke der Weltliteratur
Orlando Syrg Taschenbuch, 1. Aufl., OrSyTa 142019, Berlin 2019

Joerg K. Sommermeyer (Hg.)

Johann Wolfgang von Goethes
West-östlicher Divan, Hermann und Dorothea
Ausgewählte Werke V

Durchgesehen, revidiert und herausgegeben von Joerg K. Sommermeyer
Reihe alte Tradition Azurcelesteblueoscuro / RAT ACBO 27
Exemplarische Werke der Weltliteratur
Orlando Syrg Taschenbuch, 1. Aufl., OrSyTa 152019, Berlin 2019

Joerg K. Sommermeyer (Hg.)

Gottfried Kellers Prosa
Ausgewählte Werke I

Die Leute von Seldwyla, Sieben Legenden

Durchgesehen, revidiert und mit einem Biographischen Abriss herausgegeben von Joerg K. Sommermeyer
Reihe alte Tradition Azurcelesteblueoscuro / RAT ACBO 28
Exemplarische Werke der Weltliteratur
Orlando Syrg Taschenbuch, 1. Aufl., OrSyTa 162019, Berlin 2019

Joerg K. Sommermeyer (Hg.)

Gottfried Kellers Prosa
Ausgewählte Werke II

Züricher Novellen, Das Sinngedicht

Durchgesehen, revidiert und mit einem Biographischen Abriss herausgegeben von Joerg K. Sommermeyer
Reihe alte Tradition Azurcelesteblueoscuro / RAT ACBO 29
Exemplarische Werke der Weltliteratur
Orlando Syrg Taschenbuch, 1. Aufl., OrSyTa 172019, Berlin 2019

Joerg K. Sommermeyer (Hg.)
Gottfried Kellers Prosa
Ausgewählte Werke III
Der grüne Heinrich, Zwölf Gedichte, Autobiographisches
Durchgesehen, revidiert und mit einem Nachwort
herausgegeben von Joerg K. Sommermeyer
Reihe alte Tradition Azurcelesteblueoscuro / RAT ACBO 30
Exemplarische Werke der Weltliteratur
Orlando Syrg Taschenbuch, 1. Aufl., OrSyTa 182019, Berlin 2019

Joerg K. Sommermeyer (Hg.)
Friedrich Schillers Gedichte
Ausgewählte Werke II
Durchgesehen, revidiert und herausgegeben
von Joerg K. Sommermeyer
Reihe alte Tradition Azurcelesteblueoscuro / RAT ACBO 31
Exemplarische Werke der Weltliteratur
Orlando Syrg Taschenbuch, 1. Aufl., OrSyTa 192019, Berlin 2019

Joerg K. Sommermeyer (Hg.)
Johann Wolfgang von Goethes Gedichte
Ausgewählte Werke VI
Durchgesehen, revidiert und herausgegeben
von Joerg K. Sommermeyer
Reihe alte Tradition Azurcelesteblueoscuro / RAT ACBO 32
Exemplarische Werke der Weltliteratur
Orlando Syrg Taschenbuch, 1. Aufl., OrSyTa 202019, Berlin 2019

Joerg K. Sommermeyer (Hg.)
Charles Sealsfields Das Kajütenbuch
oder Nationale Charakteristiken
Die Prärie am Jacinto, Der Kapitän
Durchgesehen, revidiert, herausgegeben
und mit einem Nachwort versehen
von Joerg K. Sommermeyer
Kollektion Abenteuer- & Reiseerzählungen / KAR 7
Orlando Syrg Taschenbuch, 1. Aufl., OrSyTa 212019, Berlin und Lahnstein 2019

Joerg K. Sommermeyer (Hg.)

Paul Heyses Meisternovellen und Autobiographisches

L'Arrabbiata, Andrea Delfin, Die Einsamen, Der letzte Zentaur, Jugenderinnerungen und Bekenntnisse

Durchgesehen, revidiert, mit Anmerkungen herausgegeben von Joerg K. Sommermeyer
Reihe alte Tradition Azurcelesteblueoscuro / RAT ACBO 33
Exemplarische Werke der Weltliteratur
Orlando Syrg Taschenbuch, 1. Aufl., OrSyTa 12020, Berlin und Lahnstein 2020

Joerg K. Sommermeyer (Hg.)

Karl Mays Ardistan und Dschinnistan I

Ardistan

Revidiert, herausgegeben und mit einem Nachwort versehen von Joerg K. Sommermeyer
Kollektion Abenteuer- & Reiseerzählungen / KAR 8
Orlando Syrg Taschenbuch, 1. Aufl., OrSyTa 22020, Berlin und Lahnstein 2020

Joerg K. Sommermeyer (Hg.)

Karl Mays Ardistan und Dschinnistan II

Der Mir von Dschinnistan, Das Märchen von Sitara, Meine Werke, Merhameh

Revidiert, herausgegeben und mit einem Nachwort versehen von Joerg K. Sommermeyer
Kollektion Abenteuer- & Reiseerzählungen / KAR 9
Orlando Syrg Taschenbuch, 1. Aufl., OrSyTa 32020, Berlin und Lahnstein 2020

Joerg K. Sommermeyer (Hg.)

Anton Tschechows Ausgewählte Prosa I

Ein Zweikampf, Der Taugenichts, Die Dame mit dem Spitz, Eine Bagatelle, Der Kuss, Gram, Schatten des Todes und dreizehn weitere Meistererzählungen

Durchgesehen, revidiert und herausgegeben von Joerg K. Sommermeyer
Reihe alte Tradition Azurcelesteblueoscuro / RAT ACBO 34
Exemplarische Werke der Weltliteratur
Orlando Syrg Taschenbuch, 1. Aufl., OrSyTa 12021, Berlin und Lahnstein 2021

Joerg K. Sommermeyer (Hg.)

Adalbert Stifters Ausgewählte Prosa I

Waldwanderung, Der sanftmütige Obrist, Margarita, Abdias, Kalkstein, Bergkristall, Katzensilber

Durchgesehen, revidiert und herausgegeben
von Joerg K. Sommermeyer
Reihe alte Tradition Azurcelesteblueoscuro / RAT ACBO 35
Exemplarische Werke der Weltliteratur
Orlando Syrg Taschenbuch, 1. Aufl., OrSyTa 12023, Berlin und Lahnstein 2023

Joerg K. Sommermeyer (Hg.)

William Shakespeares Sonnets / Sonette

Englisch und Deutsch

Übersetzungen von Gottlob Regis, Stefan George, Karl Kraus

Durchgesehen, revidiert und herausgegeben
von Joerg K. Sommermeyer
Reihe alte Tradition Azurcelesteblueoscuro / RAT ACBO 36
Exemplarische Werke der Weltliteratur
Orlando Syrg Taschenbuch, 1. Aufl., OrSyTa 22023, Berlin und Lahnstein 2023

Joerg K. Sommermeyer (Hg.)

Friedrich Hölderlins Lyrik

Ausgewählte Gedichte

Ausgewählt, durchgesehen, revidiert und mit
einem Biographischen Abriss herausgegeben
von Joerg K. Sommermeyer
Reihe alte Tradition Azurcelesteblueoscuro / RAT ACBO 37
Exemplarische Werke der Weltliteratur
Orlando Syrg Taschenbuch, 1. Aufl., OrSyTa 32023, Berlin und Lahnstein 2023

Joerg K. Sommermeyer (Hg.)

Friedrich Hölderlins Prosa

Hyperion und Theoretisches

Ausgewählt, durchgesehen, revidiert und mit
einem Biographischen Abriss herausgegeben
von Joerg K. Sommermeyer
Reihe alte Tradition Azurcelesteblueoscuro / RAT ACBO 38
Exemplarische Werke der Weltliteratur
Orlando Syrg Taschenbuch, 1. Aufl., OrSyTa 42023, Berlin und Lahnstein 2023

Joerg K. Sommermeyer (Hg.)

François Rabelais' Gargantua und Pantagruel I

Erstes und Zweites Buch

Vollständige Ausgabe in drei Bänden

Deutsch nach der Übersetzung von Johann Gottlob Regis,
durchgesehen, revidiert, mit Anmerkungen
und einem Nachwort herausgegeben
von Joerg K. Sommermeyer

Reihe alte Tradition Azurcelesteblueoscuro / RAT ACBO 39
Exemplarische Werke der Weltliteratur
Orlando Syrg Taschenbuch, 1. Aufl., OrSyTa 52023, Berlin und Lahnstein 2023

Joerg K. Sommermeyer (Hg.)

François Rabelais' Gargantua und Pantagruel II

Drittes und Viertes Buch

Vollständige Ausgabe in drei Bänden

Deutsch nach der Übersetzung von Johann Gottlob Regis,
durchgesehen, revidiert, mit Anmerkungen
und einem Nachwort herausgegeben
von Joerg K. Sommermeyer

Reihe alte Tradition Azurcelesteblueoscuro / RAT ACBO 40
Exemplarische Werke der Weltliteratur
Orlando Syrg Taschenbuch, 1. Aufl., OrSyTa 62023, Berlin und Lahnstein 2023

[Ankündigung, erscheint demnächst:]

Joerg K. Sommermeyer (Hg.)

François Rabelais' Gargantua und Pantagruel III

Fünftes Buch, Prognostiken-Büchlein,
Geschichtsklitterung Fischarts
Vollständige Ausgabe in drei Bänden

Deutsch nach der Übersetzung von Johann Gottlob Regis,
durchgesehen, revidiert, mit Anmerkungen
und einem Nachwort herausgegeben
von Joerg K. Sommermeyer

Reihe alte Tradition Azurcelesteblueoscuro / RAT ACBO 41
Exemplarische Werke der Weltliteratur
Orlando Syrg Taschenbuch, 1. Aufl., OrSyTa 72023, Berlin und Lahnstein 2023